谨以此书献给改革开放40周年

在希望的田野上 | 行进中的“三农”故事

ZAI XIWANG DE TIANYE SHANG XINGJIN ZHONG DE SANNONG GUSHI

FAZHAN ZHONG DE XIN NONGCUN

发展中的新农村

范迪军
张正河 编著
刘 闯

全国百佳图书出版单位
时代出版
时代出版传媒股份有限公司
黄 山 书 社

图书在版编目(CIP)数据

在希望的田野上——行进中的“三农”故事:发展中的新农村/范迪军,张正河,刘闯编著.—合肥:黄山书社,2017.8

ISBN 978-7-5461-6623-0

Ⅰ.①在… Ⅱ.①范… ②张… ③刘… Ⅲ.①三农问题-研究 Ⅳ.①F32

中国版本图书馆 CIP 数据核字(2017)第 193693 号

在希望的田野上

——行进中的“三农”故事:发展中的新农村

范迪军 张正河 刘 闯 编著

出 品 人 王晓光
特约编辑 王舒彦
责任编辑 秦矿玲 章锐华
责任印制 戚 帅 李 磊
装帧设计 钱志刚
出版发行 时代出版传媒股份有限公司(http://www.press-mart.com)
黄山书社(http://www.hspress.cn)
地址邮编 安徽省合肥市蜀山区翡翠路 1118 号出版传媒广场 7 层 230071
印 刷 合肥精艺印刷有限公司
版 次 2018 年 1 月第 1 版
印 次 2018 年 8 月第 2 次印刷
开 本 710mm×1000mm 1/16
字 数 280 000
印 张 15.5
书 号 ISBN 978-7-5461-6623-0
定 价 60.00 元

服务热线 0551-63533706

销售热线 0551-63533761

官方直营书店(https://hsss.tmall.com)

序

这是一套讲述中国“三农”转型的系列故事书。今年是改革开放四十周年，中国改革开放的序幕是从农村拉开的。回眸四十年中国，特别是四十年农村的变化，你会有几天几夜也说不完的感触。这些变化的背后有深刻的中国特色社会主义道路、理论、文化、制度的影响，值得我们去挖掘。而范迪军、张正河教授，却是以故事的笔触，讲述这四十年的变迁，读后感到真实、生动，很接地气，是一本不多见的，比较完整的“三农”故事书、历史书。

四十年来，我们颁布实行了许多方针政策，无论是家庭承包经营制，还是后来的税费改革，以及正在推进的农村多种经营主体、承包地“三权”分置、城镇化以及乡村振兴战略。追溯起来，无不都是广大农民和基层干部的创造和摸索，然后再总结、完善，上升为理论和国家政策。这就是辩证唯物主义的认识论。在这套故事书里，你都会找到那些理论和政策的源泉。

历史是人民群众创造的。这是马列主义、毛泽东思想的基本原理。中国人民的智慧结晶形成了邓小平理论、“三个代表”重要思想和科学发展观，以及具有划时代意义的习近平新时代中国特色社会主义思想。这套书里，讲述的一个个栩栩如生的故事和人物，既反映了他们对理论创新的探索，也体现了理论指导下的实践成果。读完这些故事，你会对中国改革开放四十周年以及对党的十九大精神，会有更为深刻的理解。

中国的农业进入了一个新的时代，由解决总量不足转入了一个重质量的发展新阶段。以家庭承包经营为主的发展方式，正转入适度规模经营，并新生出许多新的经营主体。从农民来看，一方面，现在许多农民进入了城市，从事第二、三产业成为新市民；另一方面，又催生出许多训练有素的新型职业农民。中国的农村，已经由原来的城乡差距较大，转变为城乡融合发展、农民安居乐业的美丽家园。这就是中国“三农”所面临着的许多新变化。这里没有现成的发展模式去抄袭，没有现成的捷径可以一蹴而就。中国“三农”的未来，需要我们在习近平新时代中国特色社会主义思想的指导下，去继续探索和不断实践。我相信，在今后的实践中，必将涌现出许多新的故事和鲜活的人物。我也期待着范迪军、张正河教授再出新的“三农”故事集。

中国“三农”在希望的田野上，将会永远充满生机！

（农业部原副部长、国务院参事）

2018 年 1 月 15 日

目　录

改革篇

深化改革促发展，服务“三农”谱新篇

导 读

1978年12月，中共十一届三中全会开启了中国改革开放的进程，中国的对内改革首先从农村改革开始，然后是推进城市改革。改革初期，中国农村百废待兴，道路是土路，房屋是土坯房，耕种是用牛耕和人力。那时，这一切似乎都不是最大问题，真正能吃饱饭才是老百姓最迫切希望实现的。为了让老百姓的日子快点好起来，党中央和各级政府开始寻找解放生产力、发展生产力的道路。在此背景下，“家庭联产承包责任制”拉开了中国农村改革的序幕。

“家庭联产承包责任制”极大地激发了农民的积极性和创造性，释放了大量农村剩余劳动力，促进了农村经济的发展，也为农业促进工业、农村支持城市提供了更强的经济基础。乡镇企业和城市工业的先后大发展，让越来越多的农民进入非农领域就业，农村各种商品经济也开始活跃起来，农民的收入快速提高，生活水平得到改善。

随着城市工业化的发展，农村劳动力、资金、土地要素不断流向城市，农村和城市的差距不断加大，农业、农村和农民的所谓“三农”问题显露出来。种地越来越不赚钱，甚至成为一些农民家庭的负担，为了获得和城市普通家庭一样的收入，大量农民开始走上外出打工的路。与城市相比，农村出现了“新凋敝”，老人、妇女、儿童成了农村的常住人口，道路修起来了，房子也建起来了，但是失去了往日的热闹。党中央和国务院高度重视“三农”问题，2004年至2017年连续十四年发布以“三农”（农业、农村、农民）为主题的中央一号文件，突出强调了“三农”问题在中国的社会主义现代化时期“重中之重”的地位。

在我国经济进入“工业反哺农业、城市支持农村”的新阶段，党和政府依然以土地为农村改革的突破口，果断做出取消延续两千年之久的农业税这一伟大决策，大大减轻了农民负担，并且不断进行各方面的改革实践：基层民主选举制度、新农村建设、新农村合作医疗、社会养老保障体制、免费的九年义务教育、农村基础设施建设、公共服务体系建设等。在继续完善上面已有的改革措施基础上，当前农村的改革主要集中在土地制度、农村金融制度、户籍制度、为农服务组织供销社综合改革等主要领域。总之，这一系列的农村改革都是为了调整农村生产关系和上层建筑不适应生产力发展的某些环节和方面，促进农村经济社会全面协调发展，逐步实现城乡一体化，最终走向共同富裕的道路。

2015 年 11 月 2 日出台的《深化农村改革综合性实施方案》为农村的改革指明了方向，农村改革是全面深化改革的重要内容，是全面深化改革的重要战略之一。当前，中国经济发展进入新常态，新型工业化、信息化、城镇化和农业现代化持续推进，农村经济社会深刻变革，需从提高农村改革的系统性、整体性、协同性出发，制定深化农村改革综合性实施方案。

2015 年 5 月 9 日，习近平总书记在安徽凤阳县小岗村主持召开农村改革座谈会，并发表重要讲话。他强调，中国要强，农业必须强；中国要美，农村必须美；中国要富，农民必须富。要坚持把解决好“三农”问题作为全党工作重中之重，加大推进新形势下农村改革力度，促进农业基础稳固、农村和谐稳定、农民安居乐业。

2017 年 10 月，中共十九大明确提出了“全面建成小康社会”，实现第一个百年奋斗目标。届时，人民生活更加宽裕，城乡区域发展差距和居民生活水平差距显著缩小。

第一节　农村土地制度改革创新

一、家庭联产承包责任制——农村改革的发源地凤阳小岗村

中国的改革开放是从农村开始的，任何关注农村改革的人都不能忽略一

个村庄——安徽凤阳小岗村。不仅仅因为小岗村是中国农村改革的发源地之一，更是因为它的改革精神不断影响着后来人参与到中国的改革事业中。

1978年前的小岗村，是凤阳县最有名的贫困村，“吃粮靠返销，用钱靠救济，生产靠贷款”是这个只有20户人家100多人的村庄的生存常态。全村没有一间砖瓦房，许多农户的茅草屋破烂不堪，家徒四壁，有的穷得全家只剩一床棉被。每年秋后，几乎家家户户面临着外出讨饭的命运。

1978年秋，凤阳遭遇特大旱灾，粮食歉收，不少农户又开始准备出门讨饭。11月24日晚上，凤阳县小岗村的18位农民齐聚在村西头严立华家低矮残破的茅屋里，讨论着村庄该怎么发展的问题。会议进行到深夜时，他们做出一个大胆的决定：包产到户，并起草了一份不到百字的保证书：一是分田到户；二是不再伸手向国家要钱要粮；三是如果有人坐牢杀头，社员保证把他们的小孩养活到18岁。最后，在昏黄的灯光下，18位农民神情严峻地在这份“秘密契约”上一一按上了鲜红的手印。

小岗村实行“大包干”后，一年就大变样：1979年秋收，小岗村的粮食总产由1978年的1.8万千克猛增到6.6万千克，人均收入由上年的22元跃升为400元，震惊四邻。这一变化不仅结束了小岗村20多年吃“救济粮”的历史，而且上缴国家3200多千克粮食。

更令他们想不到的是，正是那一个个鲜红的手印拉开了中国农村改革的序幕。小岗村的成功使周边村庄纷纷仿效，“大包干”如星星之火，迅速燃遍了中国农村大地。小岗村的行为引起了党和国家领导人的高度重视，先后派各部门到小岗村驻村调查，进行全面论证，充分肯定了小岗村人的创举，在全国推广他们的做法，并逐渐上升为中国农村的基本制度。

1982年，中国共产党历史上第一个关于农村工作的一号文件正式出台，明确指出包产到户、包干到户是社会主义集体经济的生产责任制。此后中国政府不断稳固和完善家庭联产承包责任制，鼓励农民发展多种经营，解决了亿万人民的温饱问题，逐步走上富裕的道路，中国因此创造了令世人瞩目的用世界上7%的土地养活世界上22%的人口的奇迹。

改革开放三十多年来，中国农村发生了翻天覆地的变化。小岗村紧跟时代步伐，继续宏扬“敢为天下先的改革精神”，不断摸索中部地区如何建设

在实行农业“大包干”初期，部分“大包干”带头人在茅草屋前的合影

2008 年，小岗村当年“大包干”18 个带头人中的健在者在小岗村牌楼前的合影

社会主义新农村的道路。近年来，在新农村建设中，小岗村重振改革创新的“大包干”精神，根据自身特点，大力发展多种形式的土地规模经营，初步实现了从传统耕作向现代农业的多点突破，探索出一条“现代农业—旅游产业—工农业协调发展”的改革致富之路。如今的小岗村，葡萄园、养殖场、蘑菇种植大棚等土地集中经营已经初具规模，基础设施初步完善，兴建了学校、幼儿园、文化广场等教育文化设施。

二、土地确权——确权办证利百姓，产权明晰促发展

“红本本，绿本本，确权变成了金票子。”这是在四川都江堰市柳街镇鹤鸣村村民中流传的一句话。走到该村村口，首先映入眼帘的是一个巨幅宣传牌，牌上写着“成都统筹城乡综合配套改革实验区，中国农村产权制度改革第一村”两行醒目的大字。

2007 年 12 月 19 日，全国统筹城乡综合配套改革试验区成都市确定都江堰市为农村产权改革试点地。2008 年 2 月 21 日，都江堰市柳街镇鹤鸣村被确定为产权制度改革试点村，这也是中国首个产权制度改革试点村。

鹤鸣村一开始开展土地确权工作登记时，可谓矛盾重重，难度极大。比如，村里的刘怀俊把 1 亩 8 分地在 10 年前交给王明祥耕种，而如今要确权，刘怀俊就想把地要回来。他找到村委说，1998 年第二轮土地承包的时候，这块地写的是他的名字，应该归他。而王明祥却说：“当年你要去打工，把土地拿给我，我贴化肥、贴农药，还交了 10 年农业税。凭啥你想要回去就要回去！”在确权工作中，经常会遇到类似的矛盾。村干部夹在中间不好办，决定村民的事由村民自己说了算。于是村干部尝试在七组成立调解小组，专门调解村民间的纠纷。调解小组由组上 35 户投票选出 5 名成员组成，并确立了相对公平的调解原则。

前期工作基础打牢后，2008 年 3 月 30 日正式从鹤鸣村七组开始颁证，到 31 日，涉及柳街镇鹤鸣村七组全部农户 32 户，颁证面达 100%。随后开始向其他村扩展，各村小组纷纷效仿成立调解小组，全村也在村民小组的基础上，成立了由 23 人组成的村民议事会，之后又成立专门监督议事会执行、落实情况的监事会。

土地确权证颁证现场

确权颁证前，土地产权不明晰，要素流动无基础，鹤鸣村村民年人均务农纯收入约 300 元。确权颁证后，土地流转更灵活，也吸引了一些公司来承包土地，发展现代化农业，每亩租金收入 425 千克大米，按市场价折合约 1200 元，人均土地租金收入达 600 元。另外，村民到农业公司务工，每年可挣得六七千元，与土地流转前比，总收入增加很多。

鹤鸣村只是成都产权制度改革的一个缩影。自 2007 年获批全国统筹城乡综合配套改革试验区以来，成都市以“还权赋能”为核心，矢志建立“归属清晰、权责明确、保护严格、流转顺畅”的现代农村产权制度，将农村土地确权登记发证工作作为改革的首要环节和基础工程大力推进。“红本本”带来的实惠，已经让越来越多的成都农民尝到了甜头。2008 年 10 月 28 日，成都在全国率先挂牌成立了综合性的农村产权交易所。交易所将为林权、土地承包经营权、农村房屋产权、集体建设用地使用权等项目提供专业服务。2011 年，成都农村产权制度改革确权颁证基本完成，耕保基金全部筹集到位，累计发放耕保基金40多亿元，惠及176万农户，涉及耕地590万亩；农村产权交易流转2.7万宗，金额21.2亿元。

土地确权，指依照法律、政策的规定，确定某一范围内的土地的所有权、使用权的隶属关系和他项权利的确认。登记完成后，会给相应农户颁发集体土地使用权证、农村土地承包经营权证、宅基地所有权证、林权证，并给农村集体经济组织颁发集体土地所有权证。土地确权保障了农民的土地权益，使农民可以放心大胆地把土地流转出去，更加方便地开展土地流转、土地抵质押，激活农村土地要素市场，便于在有条件的地方开展土地集中规模经营，促进农业现代化发展，便于部分农民安心地从事非农业工作。

在总结成都经验的基础上，国家逐步推进土地确权试点工作。湖北省孝感市也开展了土地确权工作。该市长江埠镇街道办相关负责人带领经管站负责人、驻村干部、村干部，与湖北省地质局第四地质大队测量人员一起深入

工作人员拿着航拍图在村干部的带领下入户与村民共同进行土地确权工作

苏台村田间地头，对照花名册，利用卫星遥感与定位技术对田块进行实地测量，测量现场也有部分村民观看，确保了测量结果的客观性、公正性。

2013 年，中央一号文件首次提出，用 5 年时间基本完成农村土地承包经营权确权登记颁证工作。农业部从 2009 年开始开展土地承包经营权确权登记颁证试点工作，目前已进行了四个阶段：2009 年至 2011 年以村组为单位，以 8 个村为试点，探索整村推进；2011 年至 2013 年以乡镇为单位，在数百个县开展试点；2014 年以县为单位，首次在四川、山东、安徽 3 个省份开展整省试点；2015 年进入第四个阶段，将江苏、江西、湖北、湖南、甘肃、宁夏、吉林、贵州、河南 9 个省份纳入“整省推进”的试点中来。2016 年再安排河北、山西等 10 个省份开展整省试点，试点省由此达到 22 个。据统计，截至 2014 年年底，中央安排及地方自行推进的全国开展土地承包经营权确权登记颁证试点的县已达 1988 个，涉及 1.3 万个乡镇、19.5 万个村、3.3 亿亩承包耕地。

三、三权分置——稳定农户承包权、放活土地经营权

沈北新区位于沈阳北部近郊，随着城镇化进程的提速，农民进城打工的越来越多，土地经营权流转需求日益增大。沈北新区共有 62.5 万亩土地，2015 年流转了 40 万亩，用来发展特色高效农业、现代都市农业、休闲农业。政府引进辉山乳业、东亚种业、北源米业、锡伯族农业园、蒲兴禽业等多家农业龙头企业。目前，沈北新区成了全国有名的农产品深加工区县，农业产业结构实现了优化升级。

农民也在农业产业化中实现增收，村民将土地经营权流转给企业，村民不仅有流转费，不少人还在园内打工，获得务工收入。在沈北新区的王家村村民王树先看来，“地租出去，咋算都合适。种苞谷能有几个钱啊？一亩地赚个八九百元。现在租出去一亩地 800 元，不用自己操心”。王树先在市里打零工，一天挣 100 元 ~200 元。他说：“虽然比外出打工赚得少点，但在家门口，能顾家、踏实。”

在土地确权工作推进的背景下，2014 年中央一号文件正式提出三权分离，稳定农村土地承包关系并保持长久不变，在坚持和完善最严格的耕地保护制度前提下，赋予农民对承包地占有、使用、收益、流转及承包经营权抵押、

沈阳沈北新区锡伯龙地创意农业产业园的“稻梦空间”——3D 稻田画

担保权能。在落实农村土地集体所有权的基础上，稳定农户承包权、放活土地经营权，鼓励探索土地流转、土地托管、土地信托、土地入股等不同的土地经营模式。2014 年 11 月 20 日，中共中央办公厅、国务院办公厅印发了《关于引导农村土地经营权有序流转发展农业适度规模经营的意见》。文件将三权分离改为三权分置，提出要实现所有权、承包权、经营权三权分置，引导土地经营权有序流转。

农村土地集体所有制是我国宪法明确的基本经济制度。改革开放之前，农村集体土地所有权和经营权合一，土地集体所有、集体统一经营。改革开放初期，根据当时主要依靠人力、畜力劳作的农业生产力实际，实行了家庭联产承包责任制，逐步确立了集体土地所有权和农户土地承包经营权“两权分离”的制度框架，赋予农户长期而有保障的土地使用权，调动了广大农民的生产积极性，实现了解决温饱问题的基本目标。现阶段，随着工业化、城镇化深入推进，农村劳动力大量进入城镇就业，相当一部分农户将承包土地流转给他人经营，承包主体与经营主体分离，从而使承包经营权进一步分解为相对独立的承包权和经营权。截至 2015 年年底，全国家庭承包经营耕地流转面积 4.43 亿亩，占比达 33.3%。实行集体所有权、农户承包权和土地经营权“三权分置”，是对农村土地产权的丰富和细分，新的制度安排坚持了农村土地集体所有，强化了对农户土地承包权的保护，顺应了土地要素合理流转、提升农业经营规模效益和竞争力的需要。可以说，“三权分置”创新了农村土地集体所有制的有效实现形式，在中国特色农村土地制度演进史上翻开了新的一页。

四、集体林权改革——山定权，树定根，人定心

山西左权县在集体林权制度改革中，因地制宜实行联户承包、单户经营、股份合作和生态庄园等模式，给广大农民吃了“定心丸”。农村信用社及时为农民开通绿色扶持通道，支持农民购买荒山、经济林，极大地调动起农民管理经济林和开发“四荒”的积极性，使林业成为山区农民的一项支柱产业。

林权指森林、林木、林地的所有权和使用权，是森林资源财产权在法律上的具体体现。集体林权改革，是指对集体林权制度的改革，是以明晰所有权，开展林权登记，换发林权证，确保林业的可持续发展，改善生态环境，调整规费，改革林木采伐管理制度，改革投融资体系，建立新型的林业管理体制为内容的改革。

新中国成立以来，集体林权制度改革大体经历了四个阶段，即土改时期的“分山分林到户”、农业合作化时期的“山林入社”、人民公社时期的“山林集体所有、统一经营”和改革开放初期的林业“三定”——稳定山权与林权、划定自留山、确定林业生产责任制。

中国共有集体林地 25 亿亩，涉及 5 亿农民的切身利益。如何彻底解决林地权属问题，调动林农育林护林的积极性，破解年年造林不见林的尴尬局面？如何真正释放出集体林地的巨大潜力，把山林变成兴林富民的“绿色银行”？这些都是问题。新中国成立以来，尤其是进入新世纪以来，国家在集体林权制度改革方面进行了较长时间的探索。目前，一项以明晰产权、承包到户为主体任务的集体林权改革正有条不紊地在全国全面推进，人民逐渐成为山林

广西融水县集体林权改革后，激发了农民发展林下经济作物的激情，农技人员在采收前对灵芝样地进行检查

真正的主人。

中国集体林权改革最早开始于福建省永安市洪田村，这里后来被誉为“中国林改第一村”。1984 年，洪田村按照“分股不分山、分利不分林，折股联营、经营承包”的模式，开展林业股份合作制改革，建立村林业合作社，落实林业生产责任制。但由于这次改革没有从根本上解决最核心的产权问题和农民收益问题，大多数人仍把这种体制当作“大集体”对待，村民仍然守着“金山银山”过穷日子。对扑救火灾、植树造林、制止盗伐等，村民们也不关心。

到了 20 世纪 90 年代，乱砍滥伐歪风盛行，胆大的白天砍，胆小的晚上伐，甚至有人雇人成立专业队上山砍。“要致富，偷砍树，一夜变成万元户”，盗伐很快就蔓延到全村山林，村里组织人员昼夜巡查也无济于事。当时村民们说，山上的林木人人有份，但不知道自己的那一份究竟在哪里，不法分子偷了谁的也说不清楚。如果把山林分到户，就不会出现这样的情况了。村支书邓文山考虑到再这么下去林子很快就会毁掉，不改革肯定不行。于是在

1998 年 5 月 27 日晚上的一次村民讨论会上，邓文山对大家说：“今晚不讨论出个名堂，谁也别回家！”最后经无记名投票表决，80% 以上的村民赞成把山林分到户。

没有上级的红头文件，也没有可供借鉴的试点经验。洪田村充分发挥了全体村民的聪明才智，创造出了一套分山到户的办法：

第一步，将集体山林全部收回。对那些把村子保护得比较好的承包户，村里按质量好坏每亩一次性给予 0.5 元至 1 元不等的补偿。

第二步，对集体山林进行调查。村里组成评估小组，在技术人员的帮助下，翻山越岭，跑遍了全村的林地，认真调查估价，摸清家底。

第三步，按在册法定人口分山到户。每人可分得山地 6.2 亩，木材蓄积量 16 立方米。为便于经营管护，最后确定实行联户经营。

全村把参与分山的总人口均分为三大片群，每个片群分成两个队，每个队又分成两个组，有的组再细分，最终形成 16 个经营小组，成员自由组合。将全村山林好坏搭配，“抓阄”确定了各组承包的山林，签订了为期 30 年的承包合同。

山林分到户以后又该怎么办？在邓文山的倡议下，18 户农户以亲情、友情为纽带，自发组建了文山家庭合作林场，总面积 2908 亩，通过组建林业专业合作组织，降低了经营成本，促进了规模经营。村民们自发组建了护林联防协会，提供防盗、防火、防病虫害和林业科技服务。村里引导村民组建了“公司（林场）+ 基地 + 农户”等多种形式的联合体。同时，村里还建设了 100 亩珍稀树种种植基地，种植香榧树、桂花树等珍稀名贵树种和附加值高、市场前景好的桉树、光皮桦等速生丰产树种。一些农户还利用林下空间套种高效植物，提高了林地生产力。

林改让山活起来，林动起来，人富起来。1998 年以来，洪田村造林更新面积累计达 2979 亩，森林资源得到有效保护，没有发生一起森林火灾和盗伐、滥伐案件，森林资源总量由改革前的 10.2 万立方米增加到 2008 年年底的 12.53 万立方米，增长了 22.8%。全村人均收入由 1997 年的 2878 元增加到 2009 年的 7560 元，其中人均林业收入由 312 元增加到 3931 元；村财政收入由 15.3 万元增加到 63 万元。现在，平均每户至少有 1.5 个劳动力常年从事林

湖北云梦县林业局工作人员，带着办好的林权证到林间地头为林果大户颁发林权证

业生产，落户在洪田村的林竹加工企业达18家，解决了全村150多人就业问题，并带动了第三产业的发展。2009年，全村仅劳务收入就有200多万元。

为了推进集体林权制度改革，党中央、国务院于2003年6月25日颁布《关于加快林业发展的决定》，对改革提出了总体要求。洪田村的做法得到肯定和推广。2003年，福建在全省范围内推行集体林权制度改革。洪田村的村民也全部拿到了林权证，吃下了“定心丸”。

2008年6月8日，中共中央、国务院颁布《关于全面推进集体林权制度改革的意见》，决定用5年左右的时间完成明晰产权、承包到户的主体改革任务。截至2015年8月，中国集体林改革已基本完成，共确权集体林地27.05亿亩，发放林权证1.01亿本，成立林业专业合作组织15.57万个，经营林地面积3.28亿亩。这一改革实现了产权明晰、确权到户，落实了广大农民的林地承包经营权。

五、土地合作社——土地入股，合作分红

“土地使用权可以作为股份，不用自己种地就可以拿红利，这样的事情我们还是头一次遇见。”2011 年 1 月 16 日上午，在山东省枣庄市山亭区城头镇万恒土地合作社分红现场，社员吴玉军喜滋滋地数着领到手的 1504 元红利如是说。

山亭区城头镇万恒土地合作社成立一年来，已实现经营利润 65 万元，经理事会研究、社员大会同意，合作社拿出 36 万元纯利润以红利的形式发放给入社社员，在享有保底金的基础上亩均分红 200 元，创造了全市土地合作社收益及分红新纪录。

该合作社成立于 2009 年 12 月，入社会员 760 户，流转土地 1800 亩。合作社坚持种养综合开发循环经营，先后承接了市小麦、玉米高产攻关项目，余松烈院士合作项目，以及山东农业大学小麦良种繁育基地项目，小麦亩产达 650 千克、玉米 750 千克，收购价高于市场价 20%，规模经营每亩成本节约 100 元，每亩增收 200 余元。同时，合作社利用秸秆发酵床技术建立了清洁法生猪养殖小区一处，首批入栏母猪 100 头；土鸡散养场一处，存栏 10000 只，实现了农业生产的良性循环。

万恒土地合作社在收益上坚持民办民管民受益，形成了入股保底金、劳务收入和年终分红三项分配方式，实现了社员利益最大化，并从潍坊畜牧学院招聘了 3 名优秀大学毕业生，为合作社提供了人才技术支持。

土地合作社是由享有农村集体土地承包经营权的农户和从事农业生产经营的集体组织，以土地的经营权入股、委托代耕等流转方式进行集中统一规划、统一经营的农村互助性合作经济组织。土地合作社是一种新型土地流转模式，农民入社并自愿将土地交给合作社经营后，可获土地流转费作为基本收入，还能以土地收益权入股成为股东，以红利形式分享每年土地产出，同时，流转出土地的农民还可以到企业打工，获得薪金收入。

为加快构建新型农业经营体系，不断提高农民的组织化程度，2015 年中央财政拨付 20 亿元资金，积极支持农民专业合作组织发展。其中，专门安排 6 亿元，继续支持江苏、重庆等 12 个省（直辖市）开展财政支持农民合作社创新试点，进一步巩固试点成果，探索创新机制。

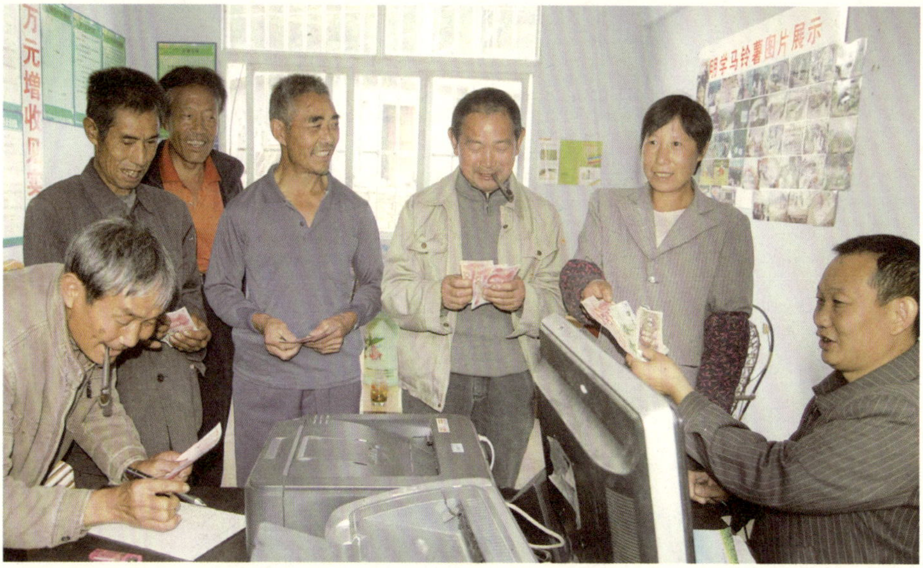

山东枣庄市万恒合作社社员领取土地分红金

目前全国各地都在探索农民以承包地入股组建土地股份合作社的各类模式。农民用自己承包的土地作为股份入股农业合作社，并享受利益分红，在为适度规模经营农业提供土地保障的同时，劳动力还得到了解放，可谓一举多得。

第二节　支农惠农政策改革

一、农业水价综合改革——科学调控水价，减轻农民负担

2013 年 10 月，河北省张家口市争取中央财政补助资金和省级配套资金 1540 万元，用于涿鹿和尚义两县的农业水价综合改革，并在张北县馒头营示范区内建设张家口灌溉试验站，对蔬菜灌溉方式进行深入研究。近年来，河北省张家口市积极探索农业节水新路，逐步建立起“总量控制、定额用水、综合收费、阶梯计价、设立基金、协会管理、普惠于民”的农业水价综合改

革模式。

（一）项目引领，推进节水工程改造。依托国家小型农田水利重点县、农业水价改革等项目，整合资金，在蔬菜主产区实施膜下滴灌和喷灌，同时全部安装水计量监测设备，实时监测项目区内每眼机井的用水量、用电量等指标。为准确掌握坝上地区 1.38 万平方千米地下水位变化情况，“网格式”布设地下水位监测井 142 眼，实施实时监测。

（二）规范管理，增强农民用水自治能力。该市不断建立健全县、乡、村三级水利管理服务体系，将基层水利服务站作为县级水务局的派出机构，垂直管理。同时，在所有项目村注册成立用水者协会，安排专人照章办事，负责初始水量配置、灌溉管理、工程维护、水费征收等工作。目前，已注册村级用水者协会 106 个，为农业水价改革奠定坚实的管理基础。

（三）创新机制，深化水价综合改革。该市通过将用水总量逐级分解到乡、村、农户，核定不同灌溉方式的亩均用水定额，监测井实时监控地下水位等措施，严格地下水综合管控；在定额用水范围内，实行预交水费、以电计价、综合收费。由用水者协会负责协调灌溉用水管理、水费收取及节水基金申请使用，真正实现取之于民、用之于民。

张家口市积极探索农业水价综合改革的道路是全国进行农业水价综合改革的缩影。农业水价的高低，直接影响到农民的生产生活，特别是广大农业种植户，价格稍微提高就会大大增加农民的生产成本。国家近几年在修建水利基础设施的基础上，开始探索从水价管理上为老百姓服务。

农业是用水大户，也是节水潜力所在。长期以来，中国农田水利基础设施薄弱，运行维护经费不足，农业用水管理不到位，农业水价形成机制不健全，价格水平总体偏低，不能有效反映水资源稀缺程度和生态环境成本，价格杠杆对促进节水的作用未得到有效发挥，不仅造成农业用水方式粗放，而且难以保障农田水利工程良性运行。

为建立健全农业水价形成机制，促进农业节水和农业可持续发展，2016 年 1 月，国务院办公厅颁布了《关于推进农业水价综合改革的意见》，指出用 10 年左右的时间，建立健全合理反映供水成本、有利于节水和农田水利体制机制创新、与投融资体制相适应的农业水价形成机制；农业用水价格总体

张家口市张北县的农民正在铺设节水灌溉设施

达到运行维护成本水平，农业用水总量控制和定额管理普遍实行，可持续的精准补贴和节水奖励机制基本建立，先进适用的农业节水技术措施普遍应用，农业种植结构实现优化调整，促进农业用水方式由粗放式向集约化转变。农田水利工程设施完善的地区要加快推进改革，通过3~5年努力率先实现改革目标。建立健全农业水价形成机制，分级制定农业水价，探索实行分类水价，逐步推进分档水价，并在完善水价形成机制的基础上，建立与节水成效、调价幅度、财力状况相匹配的农业用水精准补贴机制。

二、小型农田水利产权改革——权有所属，责有所归

2013年，水利部颁布《关于深化小型水利工程管理体制改革的指导意见》，明确要求地方政府选取试点，积极探索小型水利工程产权体制改革，重点解决管护主体、管护责任和管护经费等问题。各地结合本地实际情况推进改革，

不搞“一刀切”；积极探索社会化和专业化的多种工程管理模式，明晰产权，注重发挥工程效益。到2020年，基本扭转小型水利工程管理体制机制不健全的局面，建立适应国情、水情与农村经济社会发展要求的小型水利工程管理体制和良性运行机制。

为深化小型水利工程管理体制改革，进一步明晰水利工程产权，落实管护主体和责任，贵州省黔东南州全面启动农村小型水利工程产权制度改革，制定出台了《黔东南州农村小型水利工程产权制度改革工作实施方案》，创新水利工程建设管理模式，按照“谁投资、谁所有，谁受益、谁负担”的保障措施，明确小型水利工程所有权和使用权，落实管护主体、责任和经费，有序推进农村小型水利工程产权制度改革工作。

国家级试点雷山县和州级试点岑巩县、黄平县、三穗县改革工作分别于2014年年底和2015年年底完成并通过了省级、州级验收，正在完善后续工作，确保改革成果得到巩固和提升。其他12个非试点县除了天柱县外，已全部完成调查摸底工作，目前正在开展清产核资和明晰产权工作。截至2016年4月底，全州共计调查摸底工程9668处，其中水库工程176处、中小河流及其堤防158处、小型农田水利工程4991处、农村饮水安全工程4342处、水闸1处，已明晰产权3652处，全州产权制度改革已全面深入开展。小型农田水利设施产权制度是一项很好的尝试，明晰产权后，农村小型水利工程也可用来抵质押贷款，“变身”为可以盘活的资产，可以有效推动民间资本对农田水利设施进行投资，也能够激发权利人更好地管护农村小型水利设施。

2014年，贵州省政府办公厅下发《关于深入推进农村小型水利工程产权制度改革的意见》，提出以“明晰产权”为核心，赋权释能，落实管护主体、管护责任和管护经费，探索社会化和专业化的多种小型水利工程管理模式，建立健全科学的管理体制和良性运行机制，确保工程安全运行和效益充分发挥。针对小型农田水利工程及设备、农村饮水安全工程、中小河流堤防、小型水闸等小型水利工程，按照“谁投资、谁所有，谁受益、谁负担”的原则，明晰农村小型水利工程产权。个人投资兴建的工程，产权归个人所有；社会资本投资兴建的工程，产权归投资者所有，或按投资者意愿确定产权归属；受益户共同出资兴建的工程，产权归受益户共同所有；以农村集体经济组织

贵州岑巩县农村的一个蓄水山塘

投入为主的工程，产权归农村集体经济组织所有；以国家投资为主兴建的工程，产权归国家、农村集体经济组织或农民用水合作组织、农户所有，具体由当地人民政府或其授权的部门根据国家有关规定确定；不同投资主体共同投资建设的工程，产权按照投资比例以股份制方式共同所有。

三、农业三项补贴政策——让农民种地更有积极性

从2016年起，新疆小麦、苜蓿、玉米等种植户拿到的农资综合补贴资金略有变化。2016年，新疆维吾尔自治区人民政府下发了《自治区农业三项补贴政策改革试行方案》，指出在自治区全面试行农业支持保护补贴政策改革。而此项改革政策试行后，将对原来的农业补贴资金作出细微调整。

新疆维吾尔自治区根据自身的实际情况，对原种粮农民直接补贴进行保留，试行期间对农作物良种补贴资金、农资综合补贴两项补贴合并为农业支持保护补贴，补贴对象为所有合法的实际农业种植者，用于支持耕地地力保护。在补贴方法和标准上，对符合补贴条件的耕地，按照实际种植农作物情况分为三类，实行不同的补贴标准。以农作物实际播种面积为依据，对符合条件的申报者兑付耕地地力保护补贴。试行期间，在保留粮食直补资金的基础上，

补贴标准如下：第一类为种植小麦的耕地，每亩补助 100 元；第二类为种植青贮饲料、苜蓿的耕地，每亩补助 100 元；第三类为种植玉米和特色经济作物（不含棉花、甜菜、瓜果、露地蔬菜等）的耕地，每亩补助 18 元，各地（州、市）只能选择 2~3 种具有本地特色并达到一定规模的作物进行补贴。坚持保护耕地，以村为单位，耕地残膜回收率必须超过 90%，才能享受和兑付耕地地力保护补贴。

2016 年，新疆的农业补贴政策改革是在中央进行农业“三项补贴”改革背景下做出的调整。为支持农民种植粮食，发展粮食生产，中央自 2004 年开始施行农民直接补贴（简称“粮食直补”）、农业生产资料综合补贴（简称“综合直补”）和农作物良种补贴（简称“良种补贴”）三项农业补贴政策。2015 年，财政部发放种粮农民直接补贴、农资综合补贴和农作物良种补贴三项资金共 1434 亿元，同时财政部、农业部选择安徽、山东、湖南、四川和浙江等 5 个省，由省里选择一部分县市开展农业“三项补贴”改革试点。试点的主要内容是将农业“三项补贴”合并为“农业支持保护补贴”，政策目标调整为支持耕地地力保护和粮食适度规模经营。

2016 年，新疆农民喜获丰收，同时农业“三项补贴”发放到户

农业“三项补贴”政策改革的总体思路为，一方面将80%的农资综合补贴存量资金，加上种粮农民直接补贴和农作物良种补贴资金，用于耕地地力保护。补贴对象为所有拥有耕地承包权的种地农民，享受补贴的农民要做到耕地不撂荒，地力不降低。补贴资金要与耕地面积或播种面积挂钩，并严格掌握补贴政策界限。对已作为畜牧养殖场使用的耕地、林地、成片粮田，转为设施农业用地、非农业征（占）用耕地等已改变用途的耕地，以及长年抛荒地、占补平衡中“补”的面积和质量达不到耕种条件的耕地等，不再给予补贴。同时，要调动农民加强农业生态资源保护意识，主动保护地力，鼓励秸秆还田，不露天焚烧。用于耕地地力保护的补贴资金直接现金补贴到户。另一方面将20%的农资综合补贴存量资金，加上种粮大户补贴试点资金和农业“三项补贴”增量资金，按照全国统一调整完善政策的要求，用来支持粮食适度规模经营。

2016年，在总结试点省份农业“三项补贴”改革经验的基础上，逐步向全国推广，让真正种粮的人成为最大的受益者，从而有效支持耕地地力保护和粮食适度规模经营。

四、合同帮农——守合同，重信用

2009年9月17日，内蒙古赤峰市喀喇沁旗工商局以市场股牵头，以四个工商所为依托，成立了5个“合同帮农小分队”。这些小分队由局长、副局长带队，携带订单合同示范文本，走到田间地头，为农民讲解如何与经纪人、收购企业签订订单合同，并详细地为农民讲解与合同相关的法规条例和签订合同的注意事项，引导老百姓签订单合同，并对39户涉农企业的“订单农业”合同进行备案登记，备案率90%，实施“合同帮农小分队”农产品订单合同跟踪监管。

合同帮农小分队的工作取得了一定的效果，喀喇沁旗乃林镇、西桥乡等地的近千户农民与企业签订了烤烟种植订单，形成了以乃林镇为中心的烤烟种植基地；乃林镇农民宋志民注册的农村专业合作社与周边农民签订了3000多亩玉米的订单合同，让400多户农民种上放心田。

开展“合同帮农”是工商、市场监管部门依托合同行政监管职能，服务“三

内蒙古喀喇沁旗工商局“合同帮农”小分队成员给农民讲解合同知识

农”的重要内容。2008 年，国家工商总局制定下发了《关于深入开展合同帮农工作的指导意见》，对全系统合同帮农工作作出了较为全面的规定和部署。2014 年，各地工商、市场监管部门认真贯彻中央一号文件精神，深入开展合同帮农工作，通过建立完善基层农业合同指导机构，加大合同法律宣传力度，制定推行涉农合同示范文本，积极调解涉农合同纠纷，依法打击涉农合同违法行为，保护农民权益。湖南省基层涉农工商所依托“红盾护农”工作站成立了合同帮农指导服务站，认真落实合同文本上门、培训指导上门、纠纷调解上门的“三上门”制度。安徽省工商局制定了合同帮农十项制度，形成良好的合同帮农长效工作机制。湖北省工商局大力推行“引导一批农村土地承包经营权流转、推行一批涉农合同示范文本、办理一批涉农企业动产抵押登记、指导签订一批农超对接合同”的“四个一批”合同帮农重要举措。

五、粮食生产规模经营主体营销贷款改革——营销贷款显优惠，粮食供给有保障

2016年清明节前后，江苏省徐州市沛县张寨镇心悦家庭种植农场主王旭，

从徐州农行贷款 30 万元购买了 4 台农机，解决春耕备耕后顾之忧。这是中国农业银行徐州分行试点推出“苏欣贷”以来发放的首笔贷款。王旭早先经营一家谷物加工厂，后流转 704 亩土地开办家庭农场。听村里人说徐州农行可专门贷款买农机，便前去咨询办理。“苏欣贷”是徐州市政府联合中国农业银行徐州分行专为粮食生产规模经营主体定制，农行贷款一部分，政府补贴一部分，自筹一部分的贷款项目。“苏欣贷”以“金农贷”财政风险补偿基金为主要担保，同时追加江苏苏欣农机连锁有限公司（前身为江苏省农机公司）保证担保和所购农机抵押担保的方式担保，手续简便，风险可控，能够及时满足新型农业经营主体购置大中型农机的资金需求，既提高了生产效率，也保证了粮食生产不误农时。

大力推进农业机械化，是实现农业现代化的重要途径，而种粮大户、家庭农场、专业种植合作社等新型经营主体，是实现农业现代化，确保粮食安全的重要力量。如何确保粮食生产规模经营主体正常开展经营和销售，及时为其解决资金问题，徐州市的探索积累了宝贵的经验。

2014 年中央一号文件和 2016 年中央一号文件相继提出探索开展粮食生产规模经营主体营销贷款改革试点，积极培育家庭农场、专业大户、农民合作社、

徐州种植大户从农行贷款购买农机在田间劳作

农业产业化龙头企业等新型农业经营主体。湖北省财政厅和农业厅联合提出2015年支持新型粮食经营主体适度规模经营指导意见，明确提出贷款政策向种粮大户、农民专业合作社、家庭农场、农产品加工龙头企业等新型粮食经营主体倾斜。支持方式有如下几种：（一）贷款担保。对新型粮食经营主体从事粮食规模生产、储藏、加工、销售等业务，需要申请担保贷款的，经省级农业信贷担保平台审核后，提供贷款担保。（二）贷款贴息。对新型粮食经营主体，在粮食规模生产、储藏、加工、销售等环节发生的贷款给予适当贴息。（三）以奖代补。对粮食作物秸秆综合利用、制种育种按面积或数量以奖代补。

第三节　农村金融制度创新

金融是经济的血液，没有现代农村金融体制，就难以推动现代农业发展，更难以实现促进农民增收和农村发展的目标。目前我国农村金融服务机构主要有中国农业发展银行、中国农业银行、中国农村信用合作社、村镇银行、资金互助社等，这些金融组织已经逐步形成了融政策性、商业性、合作性于一体的金融体系。进一步推进农村金融体制改革创新，对于推动加快发展现代农业、深化农村改革具有重要意义。

一、中国农业发展银行，建设新农村的银行

2015年，中国农业发展银行内蒙古自治区分行认真贯彻中央和自治区的宏观经济政策，充分发挥农业政策性银行优势，加大信贷支农支牧力度，在粮食收购、重要农畜产品专项储备、农牧业产业化经营、农村路网、涉农水利、棚户区改造、农村土地整治、易地扶贫搬迁等方面发挥了骨干和引领作用。全年累计发放贷款812.2亿元，比上年增加326.7亿元，增幅67.3%，创历史新高。内蒙古自治区政府授予该行“2015年度金融支持地方经济社会发展突出贡献奖”。

中国农业发展银行云南分行工作人员与当地政府部门人员一起深入贫困户开展帮扶调研

中国农业发展银行是直属国务院领导的中国唯一的一家农业政策性银行。目前，在全国各省市县都有自己的分支机构或者办事处，其设立宗旨是通过政策性金融服务“三农”。该银行以国家信用为基础，筹集农业政策性信贷资金，承担国家规定的农业政策性和经批准开办的涉农商业性金融业务，代理财政性支农资金的拨付，为农业和农村经济发展服务。2016年，中央一号文件再次强调要深化中国农业银行“三农”金融事业部改革，加大“三农”金融产品创新和重点领域信贷投入力度。

二、国家开发银行——农村金融服务的“破冰者”

2009年前，海南省保亭黎族苗族自治县三道镇什进村是当地有代表性的贫困村，仅有一条沙泥路，垃圾、污水随处可见。全村共有48户203人，长期依靠传统的农耕业谋生，2009年人均纯收入仅2170元。该村曾是海南省委组织部“联村进企”的重点扶贫联系对象。经过调研发现，这个村和周边区域拥有大量黎族风情民居文化，可以开发丰富的旅游资源。然而，前期的基

保亭黎族苗族自治县三道镇什进村村民的旧居和新居

础设施建设是一个庞大的投资工程，短期又很难见效。经过深入考察，政府规划探索“大区小镇新村”的新农村建设模式。“大区”是指复合型的旅游景区和旅游度假区；“小镇”是指依托“大区”形成有少数民族风情和文化特色的原居型旅游村镇；“新村”是指以第一产业为基础，将第三产业，特别是旅游业与第一产业有机结合的社会主义新农村。国家开发银行海南分行在对“大区小镇新村”项目的开发模式、发展市场、效益创造等进行充分调查了解后，给予该项目高度评价，并对该项目给予持续支持。该项目成为国家开发银行首例“新农村 + 旅游景区”贷款项目，授信额度高达 2.7 亿元。到 2012 年，该村已脱掉贫困村的帽子，农民也因为农业旅游业的发展，收入极大地增加了，家家户户住上了小洋楼。

成立于 1994 年 3 月的国家开发银行，是国家三大政策性银行之一，是享有国家信用的开发性金融机构。长期以来，国家开发银行以基础设施、基础产业、支柱产业为主要业务领域，重点支持了国家一大批重点工程项目的建设和实施。在新农村建设中，国开行一直扮演着农村金融服务“破冰者”的角色。与“三农”相关的很多项目，周期长，回报低，风险高，市场开拓难。国开行利用政策性金融的优势，率先扶持基础设施项目的开发，培育市场，做市场的引导者。等市场成熟后，其他商业银行愿意进入，国开行就开始淡出。

三、农村信用合作社——“三农”服务的“贴心人”

2016 年 2 月 1 日，湖南省农村信用社在长沙召开工作总结会议。截至

2015年年末，湖南省农村信用社涉农贷款余额达3081亿元，占各项贷款余额的87.2%，贷款总量居全省金融机构之首。为更好地服务“三农”，从2010年起，该信用社组织开展了以组建农商银行为目标的产权改革工作，进行股份制改造，建立现代银行制度。在推进改革的过程中，湖南省农村信用社坚持服务“三农”方向不动摇，助力小微企业发展，精准扶贫全面推广，实现信贷投放总量平稳、有序扩大。信贷投放重点向农业现代化、新型城镇化和县域经济倾斜，引导地方分支机构因地制宜，加大对农民合作社、家庭农场、种养大户、“公司＋基地＋农户”等新型农业经营主体的支持力度。加强对特色县域经济重点县的服务，33家重点县社已对接项目311个。特别是金融产业扶贫工作全面推进，试点范围分三批已扩大到97个县市区，对79万户贫困农户评级授信，授信金额141亿元，发放贫困农户小额信用贷款12.4亿元。

湖南农信社取得的服务“三农”的好成绩，离不开这些年国家农信社的改革探索。自2003年以来，全国农信社按照国务院的统一部署，稳步推进改革，因地制宜选择不同的产权和组织形式，对于县级法人机构股权改造进行了大量创新。全国先后组建了26家省级联社、4家省级农商行、468家市（县）

农村信用社的工作人员回访贷款户，了解养兔专业合作社经营情况

级农商行、122 家农村合作银行、1803 家县级联社，整体面貌焕然一新。在农村金融改革目标的指引下，农信社向现代金融企业扎实迈进，不断探索让农民享受普惠金融服务的路径，业已成为服务“三农”、服务小微企业、服务实体经济的农村金融主力军。

四、小额信贷——农民的“贷”头大哥

2016 年“五一”劳动节前夕，竹山佳裕小额贷款公司全体员工又一次来到湖北省十堰市竹山县深河乡，他们与茅坝村等 6 个村的 20 多户养牛、养羊、养猪、养鸡、养鱼专业户齐聚在龙泉岛生态养殖专业合作社大院。公司总经理给养殖户讲解了养殖业生产项目贷款的利率定价、贷款额度、贷款方式以及贷款过程当中应该注意的问题，并带着公司员工与农户进行面对面交流沟通，让他们了解小额贷款公司办贷宗旨和扶持“三农”的优惠政策。龙泉岛养鸡专业户毛光明，就是佳裕小额贷款公司扶持的。几年来，该公司多次为

竹山县的小额贷款公司给养殖户发放小额贷款

其提供资金帮助，累计达200万元，促进了毛光明的生态养殖业不断发展壮大，从原来的养殖散户发展成为竹山县养鸡专业带头人，走上了发家致富路。

小额信贷公司近几年不仅在湖北竹山县发展势头强劲，在全国也发展迅猛，其为“三农”服务的效果已被政策所认可。从2004年到2010年，每年中央一号文件都提到要大力发展农村小额信贷和小额信贷组织。据中国人民银行统计，截至2015年年末，全国共有小额贷款公司8910家，贷款余额9412亿元。小额贷款业务的贷款原则是“小额、分散”，服务对象主要是“小、个、农”，就是小微企业、个体工商户和“三农”，贷款特点集中表现为“短、频、快”，贷款方式则以信用贷款、抵押贷款和担保贷款为主，具有灵活的贷款方式和灵活的还款方式。小额信贷业务在服务“三农”中，有其独特优势。农信社、各种商业银行在全国开展各种小额信贷业务，大大增加了服务“三农”的范围。

五、农村资金互助社——互助一杯水，合作一片情

2007年3月9日，吉林省梨树县闫家村百信农村资金互助社成立。这是中国第一家经银行业监督管理机构批准挂牌营业的村级农村资金互助社，也是第一家老百姓自己的“银行”。该互助社注册资本10.18万元，由闫家村32位农民发起，经吉林省四平市银监分局批准成立。互助社提供存款和贷款等服务，以信用贷款为主，会员用最低100元作为入会费，可以享受入会费10倍以内的贷款额度。该资金互助社主要用于小额贷款，比如社员康洪信加入合作社不久，因养猪缺少购买饲料的资金，便来到合作社提前预约，办了手续后提取了11200元互助借款。吉林省四平市梨树县小城子镇常住人口近5万人，其中4000多户加入了利信农村资金互助社。该社2007年开始筹建，2015年资产规模接近7000万元。

截至2013年6月末，全国共有49家农村资金互助社获得金融许可证。政府在审慎的基础上鼓励地方探索农村资金互助社的发展，并陆续出台政策性文件进行支持和管理。2014年中央一号文件提出，要发展新型农村合作金融组织。在管理民主、运行规范、带动力强的农民合作社和供销合作社基础上，培育发展农村合作金融，不断丰富农村地区金融机构类型。坚持社员制、

老百姓正在全国首家农村资金互助社存钱

封闭性原则，在不对外吸储放贷、不支付固定回报的前提下，推动社区性农村资金互助组织发展。2015 年，中央一号文件首次正式提出积极探索新型农村合作金融发展的有效途径，稳妥开展农民合作社内部资金互助试点，落实地方政府监管责任。

六、村镇银行——村相知，镇相连，银相聚，行相伴

四川省仪陇县惠民村镇银行由南充市商业银行发起设立，于 2007 年 3 月 1 日诞生。作为全国首家村镇银行，经过几年的艰辛发展，该行探索建立起新型农村金融业务模式，提升了农村金融服务水平，为支持当地农业产业发展做出了有益的探索。截至 2014 年 4 月，其总资产达 19.6 亿元，各项存款余额 17.3 亿元，各项贷款余额 9.8 亿元，不良贷款率 0.30%。截至 2013 年年末，入库税金位列全县银行业金融机构第一位，金额 3404.37 万元，实现净利润 5039 万元。

村镇银行的建立，有效地填补了农村地区金融服务的空白，增强了农村

2014年10月，仪陇第九家惠民村镇银行（嘉欣支行）隆重开业

地区的金融支持力度。其服务的对象主要是当地农民、合作社以及微小企业。

2006年12月20日，全国银监会出台了《关于调整放宽农村地区银行业金融机构准入政策，更好支持社会主义新农村建设的若干意见》，提出在湖北、四川、吉林等6个省（区）的农村地区设立村镇银行试点，全国的村镇银行试点工作从此启动。仪陇惠民村镇银行则是第一个“吃螃蟹”的银行。2007年，全国新设立村镇银行19家。2008年年末，共建立村镇银行91家，比2007年增加72家。2009年，村镇银行开设的速度减慢，共建立57家。至此，全国累计建立村镇银行148家。截至2013年年末，全国共组建村镇银行1071家，其中开业987家，筹建84家。村镇银行遍及全国31个省份，覆盖1083个县（市），占县（市）总数的57.6%。至2016年2月，全国注册过的村镇银行已达1329家。

七、土地经营权、宅基地、林权抵质押——激活了农村“沉睡的资本”

初春的清晨，天气还有些凉。江苏省沛县安国镇陈贺果蔬家庭农场里早已忙碌开来，农场主陈贺指着花香四溢的果园，对前来学习经验的人高兴地说：“托农村综合改革的福，通过抵押土地经营权，前年我向农商行贷来 20 万元，解决了发展壮大的资金瓶颈。”

搞农业，规模小、效益低，前期投资大，对于农民来说，流动资金无法及时获取往往是最大的难题。土地作为农民最大的资本，过去由于确权难、评估难等问题不能用作银行贷款的抵押物。近年来，沛县大力推进农村综合改革，通过创新土地经营权抵押贷款模式，撬动了农村“沉睡的资本”，使农民发展家庭农场时，资金不再是拦路虎。

沛县县委农工办与邮储银行、农业银行、农商行等金融机构合作开发适合农民的土地经营权、宅基地、林权抵质押类的金融产品。县财政出资 2000 万元设立农村土地经营权抵押贷款风险补偿基金，专项用于补偿金融机构土地经营权抵押贷款本金净损失。目前，全县已有 149 家新型经营主体凭借农村土地经营权证获得贷款 6734.8 万元。此举为土地流转提供了权益依据，为

江苏省沛县安国镇村民在家庭农场劳动

新型农业经营主体开展适度规模经营创造了条件，也为农民“离开”土地进行其他创收、增加财产性收入提供了保障。

沛县农民的土地可以进行抵质押以获得急需的贷款金额，要归功于全国正在进行的土地抵质押改革。在2013年中国银监会与国家林业局联合印发《关于林权抵押贷款的实施意见》之后，2014年中央一号文件首次全面提出在落实农村土地集体所有权的基础上，稳定农户承包权、放活土地经营权，允许承包土地的经营权向金融机构抵押融资。2016年，中央出台《农村承包土地的经营权抵押贷款试点暂行办法》《农民住房财产权抵押贷款试点暂行办法》。此后，地方每年根据中央一号文件精神完善“两权一房”抵质押贷款工作，积极探索一条让农民也可以实现“青山变银山，砖房变金屋，土地变资金”的资源变资本的道路。

八、农业保险——“三农”致富路千条，农业保险少不了

2013年10月初，强台风“菲特”席卷江浙沿海，浙江宁波市象山县新桥镇的农田受到严重损害，水稻受灾面积9000亩，其中倒伏4000亩、水淹5000亩。中国人保财险公司得知这一情况后，立即派人到当地核实受灾情况。按之前签订的保险协议，对自然灾害，包括暴风雨、洪水、冰雹、扬花期低温及病虫害导致水稻倒伏、减产损失至30%以上的农户给予一定的赔偿。这次受到台风影响的农户，受灾至颗粒无收的水稻最高可获赔800元/亩。为了方便农户索赔，保险公司采取乡镇汇总报案，镇村和保险公司现场查勘，保险公司统一理算赔付到户的方式进行理赔。

农业保险是解决“三农”问题的重要组成部分，党和政府高度重视农业保险的发展。2007年，国家财政拨出10亿元专项补贴资金，通过地方财政资金的配套，对六省区五大类粮食作物保险予以补贴，积极为农业安全生产提供保障。这项措施有力地改变了农险经营的外部环境，农业保险由此出现了快速发展的良好势头，全国农业保险当年实现保费收入51.8亿。2008年，国家稳步扩大政策性农业保险试点范围，加大了对粮食、油料、生猪、奶牛生产的各项政策扶持，支持发展主要粮食作物政策性保险。2012年10月24日，国务院颁布《农业保险条例》，对农业保险事业的发展起到了重要推动作用。

保险公司理赔人员与农业局技术人员组成理赔组，分头前往重灾乡镇，开展灾后理赔工作

“十二五”时期（2011—2015年），保险服务农业现代化取得显著成效，累计为10.4亿户次农户提供风险保障6.5万亿元，向1.2亿户次农户支付赔款914亿元。2015年，中国承保的主要农作物突破14.5亿亩，占全国播种面积的59%，三大主粮作物平均承保覆盖率超过70%，承保农作物品种达189类。

为布局“十三五”时期（2016—2020年）农业保险发展，农业部、中国保监会于2016年2月25日在北京联合召开保险服务农业现代化座谈会，共同研究探讨下一步推动完善农业保险制度的思路和举措。农业部部长韩长赋指出，农业保险是加快农业现代化的重要支撑，对农业连年增产、农民持续增收发挥了重要的“稳定器”作用。应加快发展以需求为主导向的农业保险，提高农业保险的支撑和保障水平。

第四节 其他改革创新

一、户籍制度改革——户籍改革惠农家，城乡和谐你我他

湖州德清作为浙江省首个户籍制度改革的试点县，自2013年9月30日起，实现城乡统一户口登记制度、户口迁移制度、居住证制度和相关行政制度等“四改”并行。这意味着，全县43万城乡居民统一登记为“居民户口”，沿用了近60年的“农业户口”“非农业户口”称谓正式退出当地的历史舞台。这次户籍制度改革不仅仅是一次简单的从“农民”到“居民”称呼上的改变，关键是消除了依附在户口本上的如医疗、就业、住房保障等方面的差别待遇，真正实现城镇基本公共服务向常住居民的全覆盖。比如，交通事故赔偿实现城乡统一，同命同价。长期以来，我国的交通事故赔偿金额是按照事故受害者从事行业及其所在地的平均收入为标准核算的。根据浙江省统计局2013年

德清县户籍改革，村民拿着户口簿去公安局办手续

数据显示，浙江省城镇居民人均可支配收入 37851 元，农村居民人均可支配收入 16106 元。此前，法院判决人身损害赔偿，农村人和城市人获赔金额相差悬殊。户籍制度改革后，同一次交通事故，受害人因户口不同而获得的死亡赔偿金差异在德清县不复存在。

在湖州德清县户籍制度改革经验的基础上，2014 年浙江进一步推进户籍制度改革，将试点扩展到 11 个县，进一步探索户籍制度改革。在肯定浙江户籍制度试点改革成绩的基础上，2014 年 7 月 30 日，国务院正式公布《关于进一步推进户籍制度改革的意见》，宣告中国实行了半个多世纪的“农业”和“非农业”二元户籍管理模式将退出历史舞台。户籍制度改革的核心是消除城乡户籍背后的巨大福利差距，使得人人享有统一的“国民待遇”。各省相继出台户籍制度改革方案，截至 2016 年 4 月 25 日，随着上海对外公布《关于进一步推进本市户籍制度改革的若干意见》，中国出台户籍制度改革方案的省份已增加到 29 个。

二、供销社综合改革——姓农、务农、为农

2016 年 4 月 8 日，河北省内丘县金店镇新农村综合发展合作协会（简称“新农协”）正式成立，这是全国首家由金店镇党委及政府负责的、供销社领办的、以农民为主体的、提供多项综合性服务的协会组织。“新农协”是河北供销社基层社改革的新探索，作为综合性服务组织，服务内容覆盖农民的全部生产和生活，只要是会员需要的服务，都会进入“新农协”的服务清单。“新农协”争取成为党的好帮手、政府的好助手。截至召开成立大会前，金店镇“新农协”已在 6 个试点村选出“新农协”的组织员，然后由组织员负责与本村农户对接，已发展入会农户 1541 户，占试点村总户数的 82.9%。这些会员大部分已经享受到“新农协”开展的留守儿童寒假营、玉米种子统购、日用品团购等经济服务和社会服务。密切联系农民，提高农民组织化程度，走综合服务的道路，是“新农协”的宗旨，也是“新农协”能持续发展的力量之源。

金店“新农协”是供销社在基层探索发展道路的一个缩影。2014 年 4 月初，全国供销合作社综合改革试点经国务院批准正式启动，试点工作首先在河北、浙江、山东、广东四省进行。河北省作为试点省，选取了 62 个县作为综合改

国内首家由供销社领办的“新农协”在邢台市内丘县成立

革试点县，进行经验探索，扎实推进组织架构、服务方式、经营体系、金融体系、管理体制、政策体系等“六大创新”。

2015 年 4 月，国家出台《中共中央、国务院关于深化供销合作社综合改革的决定》（以下简称《决定》）。供销合作社是我国最大的合作经济组织，县和县以下有 2.5 万家基层供销合作社，11.4 万家专业合作社，33 万家综合服务社，经营触角、服务领域已经覆盖了 80% 以上的乡镇和 60% 的行政村，其最大的优势是体系完备。《决定》就是要使供销社在新的历史条件下进一步提升服务功能，增强服务实力，真正成为党和政府抓得住、用得上的为农服务的骨干力量，做到为农、务农、姓农。力争到 2020 年，把供销合作社系统打造成为与农民联结更紧密、为农服务功能更完备、市场化运行更高效的合作经济组织体系，成为服务农民生产生活的生力军和综合平台，成为党和政府密切联系农民群众的桥梁、纽带，切实在农业现代化建设中更好地发挥作用。根据文件精神，供销总社决定先继续在河北、浙江、山东、广东进行试点，然后总结经验，进行全国推广。一年多来，供销社在基层的改革探索已有一定的成效。2016 年 4 月 25 日，习近平总书记在考察小岗村主持召开的农村改革座谈会上提到，做好供销社综合改革，这给参与供销社综合改革的人很大的鼓舞。

三、农业供给侧改革——优化农业结构，实现农业现代化

衢州致力于农业供给侧改革，用“企业 + 品牌”打出产品的差异性和特色，大力推广“扶持一个企业、带动一个链条、兴旺一个产业、繁荣一片农村”的发展方式。围绕特色产业发展，衢州市政府积极培育农业龙头企业。目前，全市拥有国家级示范性农民合作社 58 家、省级示范社 96 家，国家级农业龙头企业 4 家、省级农业龙头企业 36 家。衢州市工商注册登记家庭农场 4745 家。

新型农业经营主体的建设，使得衢州的不少农业龙头企业，已不再一味地追求数量，而是从供给端着手，提高农产品质量，打响品牌。这些农业龙头企业纷纷调整完善农业生产结构和产品结构，改变原来单一的稻谷生产模式，引进适合当地土壤气候的“迷你番薯”、青辣椒、胡柚、油菜等非粮品种，满足城市居民对有机非粮产品的需求，并统一注册为“三衢味”品牌，进行完善的技术指导、严格的无公害化管理，并进行深加工，利用互联网思维，逐步开拓“三衢味”这一品牌，实现农业增收增效，带动当地农民走上致富之路。

农业供给侧结构性改革，是强调在农产品供给角度实施结构优化、增加有效供给的中长期调整。这一概念是在工业供给侧改革提出后，2015 年 12 月 25 日中央农村工作会议首次提出的。截至 2015 年，中国粮食连续 12 年增产，2015 年粮食总产量达到 6214.5 亿千克，连续 3 年稳定在 0.6 万亿千克以上，与此同时，中国的粮食库存也达到了高峰值，粮食进口规模再度创下纪录，呈现出生产量、进口量、库存量“三量齐增”的怪现象。粮食的生产结构出现明显的变化：大豆的产量不断降低，但需求增长最快的正是供求缺口最大的一个品种；玉米的产量急剧增长，开始出现过剩。经过一年的改革调整，2016 年全国粮食总产量 6162.4 亿千克，比 2015 年减少 52.1 亿千克，在总量上减少了后续的粮食库存压力。其中，库存压力大的玉米已减少 3000 万亩以上的种植面积，市场紧缺的大豆的种植面积则增加了 900 万亩以上。

因此，中央审时度势，提出农业供给侧结构性改革，在立足国家粮食安全和农民自身利益的基础之上，高度重视去库存、降成本、补短板，提高农业供给体系质量和效率，使农产品供给数量充足、品种和质量契合消费者需要，真正形成结构合理、保障有力的农产品有效供给。2016 年、2017 年，中央一

衢州引进迷你南瓜品种进行实验种植，促进农业结构升级，满足市场多元需求

号文件提出用发展新理念破解“三农”新难题，推进农业供给侧结构性改革，加快转变农业发展方式，让广大农民共享现代化成果。

2017 年是农业供给侧改革深化之年。2017 年 2 月 6 日，农业部《关于推进农业供给侧结构性改革的实施意见》指出，要紧紧围绕推进农业供给侧结构性改革这个工作主线，以优化供给、提质增效、农民增收为目标，以绿色发展为导向，以改革创新为动力，以结构调整为重点，着力培育新动能、打造新业态、扶持新主体、拓宽新渠道，加快推进农业转型升级，加快农业现代化建设，巩固发展农业农村经济好形势。

四、三位一体综合合作改革——三位一体服务三农，条块交融统筹城乡

瑞安是生产、供销、信用“三位一体”改革的重要发源地。2006 年初的中央一号文件中首提“社会主义新农村建设”。随后 1 月 8 日的浙江省农村

工作会议上，时任浙江省委书记习近平第一次提出了“积极探索建立农民专业合作、供销合作、信用合作‘三位一体’的农村新型合作体系，努力服务于社会主义新农村建设”的宏伟构想。

两个多月后，全国首家集农村金融、农产品生产和流通为一体的综合性农村合作组织——瑞安农村合作协会正式成立，由农村合作银行、供销联社等8家核心会员单位和100余家农民专业合作社、农机合作社等基本会员单位组成，这也宣告了一场关于新农村建设和“三位一体”农村新型合作体系的“瑞安试验”正式开始。

当时清华大学公共管理学院博士后陈林，正在瑞安市进行副市长挂职锻炼。他曾对欧美的专业性农会和日韩的综合性农协做过深入探讨。瑞安的综合合作探索，正好是一个实践验证的好机会。他当选为农协主席后，制定了农协的会训：“三位一体服务三农，条块交融统筹城乡。”“三位一体”指农民专业合作、供销合作和信用合作，乃至整个农村金融、流通和技术推广体系结为一体；“条块交融”指专业性合作与社区性合作相互交融；在此基础上，服务三农事业，统筹城乡发展。

经过十多年的曲折探索，瑞安不断深化“三位一体”改革，改革取得明显成效。通过“三位一体”建设，瑞安市农业增加值从2006年的10.88亿元增加到2016年的22.27亿元。农民的收入有了较快的提高，农村常住居民可支配收入从2006年的9439元增长到2016年的25570元，年均增长10.7%，高于全省平均水平。农民的收入有了较快的提高，农村常住居民可支配收入从9439元增长到25570元，年均增长10.7%，高于全省平均水平。十年前，马屿镇天井垟还是有名的“涝区”，如今华丽转身为浙江省最大的粮食生产功能区；梅屿乡蔬菜基地，成为温州最大的现代农业园区。所有这一切，无不彰显了瑞安市作为“三位一体”发源地的先发效应。

瑞安多年的探索经验终于得到了中央的认可。2017年以“农业供给侧结构性改革”为主线的中央一号文件发布，首次明确提出积极发展生产、供销、信用“三位一体”的综合合作。

2017年6月22日，全国深化供销社综合改革现场交流会选择在瑞安召开，既总结了近几年供销社综合改革的地方探索经验，也回顾了浙江“三位一体”

综合合作的探索历程与经验。

经过10年的探索实践，浙江“三位一体”综合合作取得重要进展，在发展现代农业、促进农民致富、繁荣农村经济中发挥了重要作用，显示出强大的生命力。实践证明，习近平总书记关于发展“三位一体”综合合作的决策，是高瞻远瞩的战略性谋划，体现了对中国农业、农村实际的深刻洞察和把握，对于在人多地少、农民众多、经营分散的基本国情、农情下，推进中国特色农业现代化建设，具有重大而深远的意义。全国供销合作总社党组书记、理事会主任王侠指出：“全面深化供销合作社综合改革，要因地制宜发展‘三位一体’综合合作，扩大改革成果；积极稳妥开展供销合作社专项改革试点，推动重点领域和关键环节取得突破；积极为小农提供周到便捷的社会化服务，将小农生产引入现代农业发展轨道；统筹做好综合改革和经济发展工作，确保完成全年目标任务；坚决守住风险底线，确保改革平稳有序推进。”

五、农村集体产权制度改革——明晰产权，盘活集体经济

从2015年至今，成都市温江区是全国首批29个农村集体产权制度改革试点区（市）县之一。农村集体产权制度改革的“温江经验”就是使原本沉睡的资产，通过确权、颁证、作价、入股、流转、经营和分红等一系列复杂而艰难的环节，实现了从“本本”到“本钱”、资源到资本、寸土变寸金的“华丽转身”。

2013年，中央一号文件就明确提出，要改革农村集体产权制度，有效保障农民财产权利。在此之前，家住温江区寿安镇东岳社区的村民，成为首批“吃螃蟹”的人，因为在这里举行了四川首个农村产权确权颁证仪式，时间是2008年4月22日。“短短时间内，村里各家各户的一亩三分地就丈量得清清楚楚，五个‘本本’让我流转土地时心里更踏实了。”东岳社区19组村民苏庭洪率先拿到农村集体土地所有权证、农村集体建设用地使用权证、农村土地承包经营权证、房屋所有权证、林权证五个“本本”。

经历前期的探索试点，到2011年，温江区就全面完成了10个镇（街）、101个村（社区）、1151个村（居）民小组、6万多群众的确权颁证工作。2013年，温江区在万春镇幸福村探索宅基地“小证”换集体建设用地“大证”抵押融资。

2014年，四川省率先实现承包土地经营权抵押融资。2015年，四川省率先实现农村在地资产仓单质押。同年，温江区启动了农村承包地经营权、农业生产设施所有权、农村养殖水面经营权、农村小型水利工程所有权、农村经济林木（果）权“新五权”的确权颁证。2016年，温江区在四川省率先实现农村集体资产股权抵押融资。数据显示，温江区目前已累计办理“三权一单”融资408笔，共计12.58亿元。其中，农村在地资产仓单质押入选全国中小城市改革实践十大创新案例。

“本本”有了，如何让“本本”变“本钱”，“活权”变“活钱”？核心是激活要素资源，促进农村产权与市场资本有机对接，打通产权抵押、融资、流转、交易的通道。打通之前，还有一项工作至关重要——股份固化，首先是资产固化，锁定未确权到户的集体资产资源，形成固化决议，明确量化范围；其次是成员固化，出台《集体经济组织成员身份界定办法》，锁定集体经济组织成员；再次是股权固化，颁发股权证书，固化成员对集体资产股份的收益分配权。

2016年，温江区实现农业增加值17.57亿元，增幅3.1%；生态旅游接待游客400万人次，旅游收入60亿元，成为四川省首个农民人均纯收入超过2万元的区县。

据介绍，一些先行改革的地区，特别是沿海一些地区的农民早已分享到改革的红利。到2015年年底，全国已经有5.8万个村、4.7万个村民小组实行了改革，累计向农民股金分红近2600亿元，2015年当年就分红了411亿元。

2016年12月29日，《中共中央国务院关于稳步推进农村集体产权制度改革的意见》发布，这是对深化集体产权改革系统全面的重大部署，也意味着包括农村集体土地在内的农村集体资产的确权工作进一步推进。农村集体资产主要有三类：第一类是集体所有的土地等资源性资产，第二类是用于集体统一经营的经营性资产，第三类是用于公共服务的非经营性资产。改革集体产权制度把集体的经营性资产确权到户，实现农民对集体资产的占有使用和收益分配的权利，有利于拓宽农民的增收新渠道，让农民共享农村改革的发展成果。

一个家庭农场的工人正在大棚里整理草莓钵

六、实施食品安全制度改革——让国人吃上放心的食品

2014年10月22日，四川省食品安全追溯体系建设现场会在成都举行，会上介绍了四川省加快食品安全追溯体系建设的发展历程。在2009年3月，一个绑定在生猪白条肉上，采集、记录生猪从养殖、屠宰到加工、销售、消费各个环节信息的电脑芯片在成都诞生，标志着成都市生猪产品质量安全可追溯体系建设正式启动。成都也由此在全国率先实现将物联网技术大规模、全方位应用于食品安全溯源管理，创新了生猪产品安全的监管模式，有效提高了产品质量的市场监管能力和水平。与此同时，溯源管理的理念，开始有序地在成都食品领域推广延伸。成都在全国率先推行了食品原材料来源及餐厨垃圾处理信息公示制度，以确保食品原材料的来源和餐厨垃圾的去向有源可溯可查，着力阻断“地沟油”回流餐桌的渠道。

通过追溯体系的建立，基本实现生猪、蔬菜品种“来源可追溯、去向可查证、责任可追究”。经过几年的努力，成都市肉类蔬菜流通追溯体系覆盖点位11259个，其中生猪点位9991个，蔬菜点位1268个，初步实现生猪、蔬菜从流通到消费的信息化监管。其中，全市生猪追溯体系点位覆盖全市61家定点屠宰企业、2家猪肉批发交易市场、155家商场（超市）、268家品牌专卖店、8家外地生猪屠宰企业、70家猪肉制品生产加工企业、312家农贸市场、734家市场外门店、8381家餐饮单位，实现了生猪产品从屠宰场到餐桌全程覆盖、市域内外猪肉来源全面覆盖的信息化监管。全市蔬菜流通追溯体系点位覆盖全市4家大型农产品批发市场、7家批零兼营的农产品二级批发市场，92家蔬菜制品生产加工企业、163家标准化农贸市场、86家大型连锁超市和916家餐饮单位。

成都的经验也推广到了眉山、泸州等周边县市，既确保市民能够买到更多的安全放心的食品，又拓宽了农民生产安全食品的销售渠道。近几年，创新食品安全工作监管方式和监管手段，以及肉类蔬菜流通追溯体系技术的改进，不仅提升了食品安全整体水平和食品安全保障能力，而且成为加快经济建设的有效举措和构架食品安全体系的重要保障。

食品安全是世界上每一个国家都关注的重要话题，特别是对于每一个已

四川省食药监局不定期开展食品专项监督抽检，工作人员正在进行大米取样

经经历过或者正在经历工业化的国家，都爆发过食品安全问题。2008年中国奶制品污染事件——三聚氰胺事件，将中国的食品安全问题推到了风口浪尖。之后频发的苏丹红鸭蛋、孔雀绿鱼虾、爆炸西瓜、地沟油、瘦肉精、假牛肉等，让中国消费者对身边的食品产生了恐慌，并引起了相关政府部门的高度重视，加大了监管和惩罚力度。至今，政府已将食品安全问题上升到国家决策和规划中，进行食品安全管理制度改革，促进与国家民生密切相关的食品安全问题得到更好的解决。2017年2月14日，国务院颁发了《“十三五”国家食品安全规划》和《“十三五”国家药品安全规划》，提出通过食品安全委员会和食品药品监管总局，促进各级政府建立食品安全综合协调机制并明确办事机构，统一权威监管体制建设，进而保障食品安全，加强食品安全治理，建设健康中国，增进人民福祉，体现以人民为中心的发展思想。

七、乡村振兴战略——重新焕发乡村全面改革发展的“改革”布局

艺术家工作室、书店、咖啡馆、画廊……2017年12月1日，沿着水泥路进入崔岗村，一个个文化创意元素将一排排闲置农房装扮得生机勃发。自2012年年底第一位艺术家入驻崔岗村以来，经过几年的发展，安徽省首个“文化创意村”已初具规模。现在崔岗村村民人均年收入由5年前的1万多元提升到3万多元。

2012年6月的一天，倾心山水间的策展人谢泽第一次来崔岗村踏青，便醉心于这里的“芳草鲜美，落英缤纷”。他以每月400元的价格将闲置的一套房子租下来，并取名为“瓦房工作室”。

当年年底，谢泽想：“为何不利用崔岗的闲置农房建个文化创意村？”第二天，他就在网上发帖——《打造合肥的艺术家村》，向志同道合者抛出橄榄枝。一石激起千层浪，帖子立即引起社会广泛关注，众多像谢泽一样的艺术爱好者慕名而来。

三十岗乡党委书记孙本全敏锐地看到发展机会，借艺术家看好崔岗村之“势”，大力帮助艺术家们争取基础设施建设资金，搞好公共服务，筑巢引凤，并出台文件引导和规范村民进行房屋出租交易。

出租了房子，还能上班拿工资，政府又有补贴，村民非常高兴。50多岁

崔岗村村民们当着房东，分享着崔岗村艺术变身的成果

的夏成将多余的房子出租后，每年可拿到8400元租金，还能得到政府的补贴。更令他开心的是，他还能在租户开的咖啡馆里做保洁员挣工资。

目前，崔岗村已吸引摄影、油画、雕塑等行业53位艺术家签订合同，已有38位艺术家正式入驻，八间房子摄影俱乐部、柴院客栈、环艺坊、胡海林工作室、素陶工社、地平线画廊等相继对外开放，累计吸引游客近20万人次。

崔岗村通过艺术的视角激活了村庄发展，将“闲置农房”变成“文化创意场”，用新的实践回答了新时代乡村振兴的新逻辑——贵在持续探索和创新。这种探索和创新的内涵是在充分遵从主体性的前提下，以平衡各方利益而达成共识为起点，以因势利导下的政府“有形之手”有效发力为重点，以在心灵“播种”文化基因实现“文化下乡”为核心，以实现现代与传统、文化与“三农”融合共生，推动乡村振兴发展。

乡村振兴战略是习近平总书记在2017年10月18日中国共产党十九大报告中提出的。2017年12月28日，习总书记主持召开了中央农村工作会议，研究实施乡村振兴战略的重要政策，部署2018年和今后一个时期的农业农村工作。

两次重大会议提出保持土地承包关系稳定并长久不变，第二轮土地承包

崔岗村的农家小院也可以这么艺术

到期后再延长 30 年，这一举措稳定了农村的人与土地的关系。面对新时代中国社会主要矛盾呈现的人民日益增长的美好生活需要和不平衡不充分的发展之间的矛盾，党中央进一步提出，乡村振兴战略将按照“产业兴旺、生态宜居、乡风文明、治理有效、生活富裕”的总要求，建立健全城乡融合发展体制机制和政策体系，加快推进农业农村现代化，走中国特色社会主义乡村振兴道路，让农业成为有奔头的产业，让农民成为有吸引力的职业，让农村成为安居乐业的美丽家园。

实施乡村振兴战略，是中国“三农”工作一系列方针政策的继承和发展，是中国特色社会主义进入新时代，做好“三农”工作的总抓手。党中央明确提出实施乡村振兴战略的目标和任务路线图：到 2020 年，乡村振兴取得重要进展，制度框架和政策体系基本形成；到 2035 年，乡村振兴取得决定性进展，农业农村现代化基本实现；到 2050 年，乡村全面振兴，农业强、农村美、农民富全面实现。

建设篇

建设新农村，幸福千万家

导 读

改革开放以来，随着新型城镇化加快推进，中国农村发生了历史性的深刻变化，农村经济社会发展取得了举世公认的伟大成就。但是，中国的城乡经济发展很不平衡，城市发展很快，农村发展相对滞后的局面还没有得到根本性的改善。城市高楼林立，道路交通完善，自来水通畅，电网不断更新换代。相比城市的建设与发展，农村的红砖房显得矮小与破败；村中的泥土路每次下雨都令人想起城市水泥路的方便；停电的现象在减少，但是使用的人稍微多了些，空调、冰箱就带不动了；手机信号在山谷中就很不稳定；互联网在

雨后，乡村的孩子们走在回家的泥路上

城市的使用已是家常便饭，然而在农村并没有全面覆盖。城市的建设让农村人对城市充满了无限的向往。

同时，农村本身发展也不平衡，农村的区域差别大。中西部的农村和沿海发达地区的农村的差别尤为明显。为解决这个问题，中国政府坚持以建设社会主义新农村为目标和主要抓手，通过持续推动城乡协调发展，不断提高新农村建设水平，破除城乡分割的“二元结构”。为了帮助改善农民的生产生活，推进农村和农业基础设施建设是农村建设的重点。

“要想富，先修路。”为了推动农村的发展以及加强农村与城镇的联系，国家开始大力支持地方修建公路网。2005 年，国务院颁布《农村公路建设规划》，计划到 2020 年，具备条件的乡（镇）和建制村通沥青（水泥）路，全国农村公路里程达 370 万千米，全面提高农村公路的密度和质量水平。

路的修通让老百姓的出行经历了从土路到沙子路，再到水泥路的转变，使得内部交流以及与外面世界的交往都变得方便起来；饮用水也从村民共用几口井变为家家打井，如今国家又逐步开始实施农村自来水工程；农村电网也逐步开始实施智能电网；电视完成了从有线电视到数字电视的转变。现今

周末，孩子们在乡村公路上骑行

随着农村互联网基础设施的建设，互联网电视也开始在农村出现。

村庄基础设施的改进使得农村居民都享受到了实惠，村民房屋的建设也开始有了规划，新民居建设改变了农村建筑杂乱无序、样式落后的形象，危房改造工程更是让发展滞后的家庭在一定程度上也能享受现代家居生活。

农田水利建设工程便利了种地农民。新中国成立以来建设的水利系统不仅重新得到恢复，甚至在有条件的地方进行了扩建。特别是在平原地区，农田道路硬化、水渠扩展、大田改造，极大地便利了现代机械作业和种植技术的推广。

以上一系列的新农村建设，大大改变了农村的面貌，让农村渐渐焕发了生机，甚至有一些农村成为比城市还宜居的地方。新农村建设虽然取得如此大的成绩，但是中央政府的脚步并未停止，还在继续完善和推进新农村建设。2015年12月31日，中共中央、国务院颁布了《关于落实发展新理念加快农业现代化实现全面小康目标的若干意见》，明确提出，“推动新型城镇化与新农村建设双轮驱动、互促共进，加快农村基础设施建设”，到2020年，实现“社会主义新农村建设水平进一步提高”。因此，在经济发展新常态背景下，加快推进新农村、新民居、危旧房改造、农村基础设施“村村通”工程、农田水利设施修建工程等建设，稳步提高城乡基本公共服务均等化水平，发展现代化农业，逐步实现中国农村现代化、城乡一体化，最终实现全面建成小康社会的宏伟目标。

第一节　新农村建设

一、富裕生态家园建设，扮靓乡村富饶山林

从2001年开始，广西壮族自治区桂林市恭城县实施以“富裕生态家园”为目标的社会主义新农村建设，围绕“富裕、生态、民主、文明、和谐”的内容，先后投入近5000万元，作为农村基础设施和公共设施建设资金，引导经济条件较好的村屯农民对村舍进行改造，走出了一条“低投入、高效益”的新农

村建设之路。目前，全县 9 个乡镇的 16 个富有民族特色和时代气息的“富裕生态家园”——社会主义新农村已全部建成，40% 的农民已经住进了小洋楼，全县 800 多个自然村已经规划了 600 多个“富裕生态家园”。

恭城县的“富裕生态家园”建设是中国社会主义新农村建设的缩影。2005 年 10 月，中国共产党十六届五中全会通过的《中央关于制定十一五规划的建议》提出，要按照“生产发展、生活宽裕、乡风文明、村容整洁、管理民主”的要求，扎实推进社会主义新农村建设，从而掀起了新农村建设的新高潮。与以往新农村建设不同，这次新农村建设主要围绕五个方面的任务来开展：

（一）生产发展，是新农村建设的中心环节，是实现其他目标的物质基础。主要包括科技兴农、农业生产机械化、保护粮食生产积极性、发展多种经营、改善农村基础设施等。

（二）生活宽裕，是新农村建设的目的，也是衡量农村工作的基本尺度。主要包括提高农民收入，实现小康目标，看病、就医、养老等有保障。

（三）乡风文明，是农民素质的反映，体现农村精神文明建设的要求。主要包括良好的社会风气、遵纪守法意识、邻里互助、尊老爱幼、帮困济贫等。

（四）村容整洁，是展现农村新貌的窗口，是实现人与环境和谐发展的必然要求。主要包括村庄规划布局合理、村容村貌干净整洁、垃圾统一堆放

广西壮族自治区桂林市恭城县“富裕生态家园”建设

和集中处理、喝干净水、用卫生厕所等。

（五）管理民主，是新农村建设的政治保证，显示了对农民群众政治权利的尊重和维护。主要包括村庄治理实行村民自治、村级财务公开、“一事一议”、民主决策与民主监督等。

杭州市在进行新农村建设时，因地制宜，把生态文明的理念深入落实到美丽乡村建设中，将城市文明向新农村延伸，先进的生产方式、健康文明的生活方式和科学的消费方式悄然形成。杭州市的乡村呈现的是“村貌悦目协调美、村容整洁环境美、村强民富生活美、村风文明身心美、村稳民安和谐美”的蓝图。

总的来看，新农村建设改变了过去单一的拆旧建新的一家一户建房习惯，一般采用下列具体做法：

（一）规划先行，即由村庄统一规划，按照国家倡导的新农村建设的理念，结合村庄实际，尊重农民意愿，对村庄建设与发展的布局、功能以及建筑风格进行整体设计。

（二）公共设施集中兴建，即对村庄，特别是新建村庄的公共设施，如学校、卫生室、文化书屋、村委会以及村民广场、文体活动中心、自来水厂等，

浙江利山村——白莲深处有人家

上海市青浦区新农村居民区

由村级集体兴建，经费多元化筹措解决。

（三）民居风格相对统一，即整村建设的民居，按照一个标准的建筑风格设计，如徽州建筑、欧式建筑等，农户必须按照这个风格来建设。

（四）农户参与积极性高，动员农民积极参与新农村建设，特别是对占地较多的自然村落、零散农户，实行整村整户搬迁，地方政府给予必要的资金支持。

上海市青浦区有关部门积极开展调查研究，摸清青浦农村地区的居住现状和市政、公共设施的配置情况，并在此基础上编制了《青浦区社会主义新农村规划》，使郊区新农村统一规划建设有了保证。

二、美丽乡村建设——美丽的乡村，诗意地栖居

美丽乡村建设的先行者，是中国首个生态县、全国首批生态文明建设试点区——浙江安吉县。安吉县地处浙江省西北部，长三角经济圈的中心，有着1800多年的建县历史，因气净、水净、土净，堪称“三净”之地，森林覆盖率达71%，植被覆盖率75%。

2005年8月15日，时任浙江省委书记习近平在湖州市安吉县提出了“绿水青山就是金山银山”的科学论断。2006年，安吉县力拔头筹，夺得“国家生态县”桂冠。尝到甜头的安吉县，顺势而上，于2008年率先提出建设“中国美丽乡村”的计划。围绕“村村优美、家家创业、处处和谐、人人幸福”

四个方面，安吉县开启了生态文明建设特色模式的新篇章。2010年，安吉“中国美丽乡村”建设模式，正式成为“国家标准”和省级示范。到2013年年底，安吉187个行政村，已完成美丽乡村创建179个。安吉县因地制宜，村村都有自己的特色，呈现出“一村一韵”“一村一景”的乡村文化景观，有漂流文化、竹文化、茶文化、邮驿文化、孝子文化、蚕桑文化、作坊文化、农耕文化、节庆文化、昌硕书画文化、移民文化等。

“浪漫乡村——高家堂”全力打造休闲型乡村旅游示范村，把村庄的优美环境资源转化为经济效益。高家堂成立了指南竹笋专业合作社，把村民的山林流转到合作社，实现了规模高效经营。该村还大力发展休闲旅游，组建了蝶兰风情旅游开发有限公司，村集体入股30%，合作公司入股70%。高家堂的成就十分喜人，拥有848人、248户的高家堂，2012年的人均收入已达19625元。

美丽乡村建设体现了国家和政府造福百姓的理想和百姓对美好居住条件的追求。为深入贯彻党的十八大精神，落实2013年中央一号文件关于推进农村生态文明、建设美丽乡村的要求，农业部组织开展了“美丽乡村”创建活动，

浙江安吉县高家堂村仙龙湖

于2013—2015年在全国选择了上千个乡村作为创建试点。由于地方响应积极，截至2014年，全国已有超过1100个乡村被国家农业部确定为“美丽乡村”创建试点村。根据不同类型地区的自然资源禀赋、社会经济发展水平、产业发展特点以及民俗文化传承差异，按照美丽乡村创建重点和目标，农业部科教司总结出美丽乡村创建的十大主要模式——产业发展型、生态保护型、城郊集约型、社会综治型、文化传承型、渔业开发型、草原牧业型、环境整治型、休闲旅游型和高效农业型。

三、新民居建设——建设和谐新村，打造文明家园

经过几十年的建设，尤其是近三十年的发展，农民的经济收入和生活水平已有显著的提高，这体现在虽然不一定能吃得好，但准能吃得饱；虽然不能穿得时尚，但准能穿得暖，农民的温饱问题已确确实实得到解决。当前，农民生活中最大的负担来自建房。

马克思认为，人首先要解决吃穿住行的需求，然后才能从事文学、艺术、宗教等领域的活动。当农民住房需求得不到满足时，无论如何也不能激发他们对新农村文化、政治建设的热情。从这个意义上说，舒适、宜居、节能、环保的新民居建设已经不仅仅是新农村建设的重要内容，而且直接影响到新农村建设的深度和广度。进行新民居建设，改善农村生活环境，提升农民生活质量，对于统筹城乡协调发展，全面加快社会主义新农村建设具有重要战略意义。

江西省瑞金市沙洲坝镇大布村百花园建设点提出“六统一分”拆旧建新工作模式，即统一规划设计、统一拆除旧房、统一平整土地、统一分配地基、统一建房进度、统一完善配套设施和农户分户自建的工作模式，明确土木结构房屋补偿标准为190元/平方米、砖木结构房屋补偿标准为230元/平方米、砖混结构房屋补偿标准为260元/平方米。对新建房屋，地方政府帮助推荐符合规划的设计图纸和式样，供村民选择。

同时，地方政府为鼓励农户兴建住房、改善居住条件，还出台了一些优惠政策给予支持，并学习参考国外新村建设的一些做法，凡是对原有破旧住房推倒重建的，给予必要的财政补助。

瑞金市百花园致力于打造“宜居、宜游、宜业”的和谐新村

重庆市垫江县通过采用青砖、灰墙、黛瓦等体现渝东民居特色的建筑符号，对农房的屋顶、檐口、窗框、基座、外墙等实施改造；有条件的聚居点，配套进行人行步道、污水管网、垃圾收运、庭园绿化等建设，实现村庄的“硬化、净化、亮化、绿化、美化”。有条件的村社，通过撤院、并院和拆除等方式，将散居农户、交通区位较差以及自愿到新建聚居点居住的农户，按巴渝新居风貌统一新建农房，相对集中居住，并配套宣传栏、文化活动室、卫生室、垃圾收运设施、污水集中排放处理设施、商贸点、运动场地等公共服务配套设施。

瑞金市的农民住房重新修建、垫江县的农村危旧房改造都是属于中国农村新民居建设的主要内容。总的来说，新民居建设包括农民住房重新修建、改造危房等，主要通过政府提供政策支持和资金帮扶，减轻农民建房压力，改善农民特别是贫困农民的居住条件。中国政府还对居住在危房中的农村分散供养五保户、低保户、贫困残疾人家庭和其他贫困户进行专项补贴。如2014年中央安排补助资金230亿元，支持全国266万贫困农户改造危房。补

垫江农村危房改造后的样子

助标准为平均 7500 元 / 户，在此基础上对贫困地区增加 1000 元 / 户的补助，对陆地边境县、边境一线贫困农户，建筑节能示范户分别增加 2500 元 / 户的补助。根据建设标准，原则上，改造后住房建筑面积要达到人均 13 平方米以上；户均建筑面积控制在 60 平方米以内，可根据家庭人数适当调整，但 3 人以上农户的人均建筑面积不得超过 18 平方米。在新居建设的基础上，各地对农村分散的自然村庄还进行了整治，通过生态治理、村居规划、环保卫生建设等措施，大力整治村容，美化新民居环境，改变了农村环境“脏、乱、差”的现象。

四、农村社区建设——开启幸福生活的钥匙

安徽省委、省政府对农村社区建设一贯高度重视，至 2015 年，先后下发了 7 份文件，指导各地因地制宜探索农村社区建设的路径和方式，确定了 23 个省级试点县、 360 个试点乡镇和 4500 个试点村，推动了农村社区建设稳步发展，实现了农村社区建设与美好乡村建设有机结合。淮北市积极探索旧村整治、并村自建、空心村整治等不同类型的农村社区建设方式，制定了联动

共建、融合发展、评议监督、投入保障等得力措施，取得了“环境美、自治强、服务优、群众乐”的显著成效。

淮北市杜集区高岳街道双楼村是农村社区建设试点村之一，辖8个自然村、12个村民小组，人口5663人，人均耕地约0.8亩。2014年实现村级集体收入60万元，农民人均收入12400元。近年来，双楼村围绕打造“管理有序、服务完善、文明祥和”的农村社区目标，创新基层社会治理，提升农村公共服务水平，勾绘出一幅景美、民富、人和的农村社区建设画卷。双楼村社区创造性地推行开放式村部建设，推倒围墙，拆除“心墙”，变封闭为开放，变大院为广场，实现干部群众无障碍沟通；深入推进服务型党组织建设，建立“群众动嘴、干部跑腿”工作机制；坚持常规事项定期公开，急重事项即时公开，群众点题事项随时公开，让老百姓看得到、看得懂、信得过。这些举措极大丰富了农村社区建设的经验积累。

2015年6月25日—26日，民政部全国农村社区建设试点工作推进会在安徽省淮北市召开。会议的主要任务是贯彻落实中共中央办公厅、国务院办公厅印发的《关于深入推进农村社区建设试点工作的指导意见》精神，总结

安徽淮北市杜集区领导和双楼村社区干部一起走访慰问社区的贫困村民

2015 年 6 月，民政部全国农村社区建设试点工作推进会在安徽省淮北市召开

经验、分析形势，统一思想、明确任务，推进农村社区建设试点工作深入开展。会议强调，要充分认识推进农村社区建设试点工作的重大意义，从全面深化农村改革、推进城乡发展一体化的高度把握农村社区建设的战略定位：其一，这是夯实党的执政基础，巩固基层政权的重要举措，为实现人民当家作主发挥积极作用；其二，这是推进国家治理现代化的必然要求，有利于不断提升社会治理能力，夯实国家治理现代化基础；其三，这是社会主义新农村建设的重要内容，有利于提高农村居民的生活质量和水平；其四，这是推进新型城镇化的配套工程，有利于加强与城市社区服务管理的有效衔接，促进资源集聚、提升服务功能、改善生活条件，为新型城镇化健康发展创造有利条件。

自党的十六届六中全会作出“积极推进农村社区建设”的重要部署以来，在各有关部门、社会力量的协同合作和广大农村居民的积极参与下，农村社区建设试点工作扎实推进，取得了显著成效，农村社区治理机制不断完善，社区自治功能有效提升；农村社区基础设施逐步改善，农村基本公共服务网络基本建立，村容村貌有了明显改观；农村公共服务体系逐步健全，农民群众办事更加方便；农村社区文化生活更加丰富，村庄品位和居民素养进一步提高。

五、田园综合体——山水田园路，清新扑面来

位于“中国水蜜桃之乡”的无锡市惠山区阳山镇的田园东方项目，总占地面积约为6000亩，是国内首个田园综合体项目。它的背景是“美丽乡村”的大环境，目标核心是“田园生活”，将田园东方与阳山的发展融为一体，贯穿生态与环保的理念。其包含了现代农业、休闲文旅、田园社区三大板块，主要规划有乡村旅游主力项目集群、田园主题乐园、健康养生建筑群、农业产业项目集群、田园社区项目集群等五大板块。

2017年2月，基于田园东方的基层实践，“田园综合体”一词被正式写入中央一号文件：支持有条件的乡村建设以农民合作社为主要载体，让农民充分参与和受益，集循环农业、创意农业、农事体验于一体的田园综合体，通过农业综合开发、农村综合改革转移支付等渠道开展试点示范。

田园综合体是集现代农业、休闲旅游、田园社区为一体的特色小镇和乡

中国第一个田园综合体项目——无锡田园东方

村综合发展模式，是在城乡一体化格局下，顺应农村供给侧结构改革、新型产业发展，结合农村产权制度改革，实现中国乡村现代化、新型城镇化、社会经济全面发展的一种可持续性模式。

2017 年 5 月 24 日，财政部下发了《关于开展田园综合体建设试点工作的通知》，深入推进农业供给侧结构性改革，适应农村发展阶段性需要，遵循农村发展规律和市场经济规律，围绕农业增效、农民增收、农村增绿，积极探索推进农村经济社会全面发展的新模式，让农民充分参与和受益，建设集循环农业、创意农业、农事体验于一体的田园综合体。确定在河北、山西、内蒙古、江苏、浙江、福建、江西、山东、河南、湖南、广东、广西、海南、重庆、四川、云南、陕西、甘肃 18 个省份开展田园综合体建设试点。

六、特色小镇——产业立根基，特色成品牌

茅台镇是一个古老而神秘的小镇，这个神秘而古老的地方盛产举世闻名的世界三大蒸馏酒之一的茅台酒——大曲酱香型白酒的鼻祖。因此，茅台镇也号称“中国酒都”，这里最出名的是茅台酒厂。这个小镇有个闻名遐迩的国酒文化城，由中国贵州茅台酒厂（集团）有限责任公司投资近亿元兴建。它有汉代馆、唐代馆、宋代馆、元代馆、明代馆、清代馆及现代馆，共 7 个馆。各个馆均体现了不同时代的建筑风格，浓缩了中国五千年酒文化的辉煌及精髓，并反映了茅台酒的发展历程。馆内陈列着历代酒礼、酒俗、酒技、酒故、酒史、酒文、酒诗及与酒有关的重要人物故事、书画作品、雕塑、楹匾及实物，是中国酒文化的高品位综合载体，是最大的酒文化博物馆。

历史上，茅台镇是黔北名镇，古有“川盐走贵州，秦商聚茅台”的说法；1915 年茅台酒在巴拿马万国博览会上荣获金奖；1935 年中国工农红军长征在茅台四渡赤水。因此，茅台镇集古盐文化、长征文化和酒文化于一体，被誉为“中国第一酒镇”。

2016 年 10 月 14 日，住建部根据《住房城乡建设部、国家发展改革委、财政部关于开展特色小镇培育工作的通知》精神和相关规定，在各地推荐的基础上，经专家复核，会签国家发展改革委、财政部，认定 127 个镇为第一批中国特色小镇。贵州省有 5 个镇入选，其中茅台镇成功入选，给茅台镇的

茅台国酒门东侧的小山上，有一个7层楼高的茅台酒瓶，被誉为“天下第一瓶”，瓶内有螺旋楼梯可登高环眺

发展带来了新的机遇。

自2016年7月1日，住建部、发改委、财政部联合发布《关于开展特色小镇培育工作的通知》以来，地方政府开始积极探索特色小镇的发展模式。目前，特色小镇主要有三种创建模式：一是企业主体，政府服务，政府负责小镇的定位、规划、基础设施建设和审批服务，引进民营企业建设特色小镇；二是政企合作、联动建设，政府做好大规划，联手大企业培育大产业；三是政府建设、市场招商，政府成立国资公司，根据产业定位面向全国招商。

2017年3月23日，住建部总经济师赵晖介绍特色小镇发展情况时指出，第一批127个特色小镇建设取得明显成效，新增企业就业人口10万人，平均每个小镇新增工作岗位近800个，农民人均纯收入比全国平均水平高1/3，有效带动了产业和农村发展。基础设施方面，90%以上的小镇的自来水普及率高于90%，80%的小镇的生活垃圾处理率高于90%，基本达到县城平均水平；公共服务方面，平均每个小镇配有6个银行或信用社网点、5个大型连锁超市或商业中心、9个快递网点以及15个文化活动场所或中心；传统文化保护和传承方面，85% 的小镇拥有省级以上非物质文化遗产，80% 以上的小镇定期举办民俗活动，70% 以上的小镇保留了独具特色的民间技艺。

中国特色小镇的建设，创新地推动了“产、城、人、文”融合，为破解空间资源瓶颈、实现产业转型升级、改善人居环境、推进新型城镇化提供了有力的抓手，对探索新型小镇之路有重要意义。

第二节　“村村通”工程

长期以来，中国城乡发展不平衡，农村经济相对滞后，特别是农村公共基础设施薄弱，如交通道路、电力、通讯等，不能满足农村社会经济发展的需要。新农村建设中，各地利用国家政策，调动广大农民的积极性，在农村地区大力实施“村村通”工程。

中国农村“村村通”工程是一个超级庞大的系统工程，包括公路、电力、饮用水、电话网、有线电视网、互联网等工程建设，被称为“世界规模最大的农村改造项目”。工程总投资在 10000 亿元以上，工程期限从 1998 年到 2020 年。

一、农村公路“村村通”工程——村村通公路，人人都致富

安徽省休宁县为改善山区农村公路通行环境，以县乡公路通达工程和“村村通”工程建设为切入点，把农村公路建设作为一项重要的民生工程来抓。全县先后完成农村公路硬化工程 585.42 千米，村村通水泥路率达到 97.5%，走在了安徽省前列。休宁构建“通、畅、洁、绿、美、安”的农村公路网络通行环境，使全县 20 多万山区百姓走上了安康幸福之路。

农村公路“村村通”工程，又称“五年千亿元”工程。该工程是指中国力争用 5 年时间实现所有村庄通沥青路或水泥路，以打破农村经济发展的交通瓶颈，解决 9 亿农民的出行难题。该工程以国家和省出资为主，地方财政（市与县）配套部分资金，绝不允许向农民强制摊派。各地在工程推进中，创造

安徽休宁县“村村通”公路工程便利了当地老百姓的出行

了不少很好的经验，如多渠道积极融资，争取及早安排项目建设资金；提前做好前期工作，及时组织工程招标；加强建设责任落实，有效提高农村公路建设质量等。

二、农村广播电视“村村通”工程——户户通电视，我知天下事

2011年11月以来，宁夏回族自治区已基本实现农村广播电视全覆盖，全区有70余万农户受益于“户户通”。经过中央财政、地方财政和中国移动宁夏公司的补助，农户只需交纳50元，就可安装一套近500元的卫星接收设备，可看到60多套节目。

广播电视“村村通”工程旨在解决广播电视信号覆盖“盲区”——农民群众收听广播、收看电视问题。“十二五”期间，中国进一步巩固提高农村地区广播电视覆盖率和农村群众收听收视质量和水平：以直播卫星应用为主，

实施 20 户以下已通电自然村广播电视“村村通”工程，基本实现“户户通”；建立健全以县为中心、以乡（镇）为基础、面向农户的广播电视公共服务长效机制。

其中，直播卫星方式传送的节目套数多、接收质量好、建设运行维护成本低，并且采用了我国自主研发的卫星传输标准，可以保障信息安全，便于加强管理，是“盲村”群众接收广播电视最经济、最方便、最有效的方式。“村村通”直播卫星平台，从技术手段上根本解决了边远地区群众收听收看广播电视难的问题，为实现“户户通”“长期通”创造了条件，打下了基础。

为实现“户户通”“村村通”工程，各地方政府制定各项政策并投入大量配套资金和人力，取得了很好的效果。2011 年新疆克州阿克陶县、乌恰县、阿图什市 365 个 20 户以上自然村，共 12654 户的广播电视“村村通”直播卫星安装调试、用户信息录入、上传和覆盖任务已完成，实现了“村村通”和“大喇叭”工程建设的跨越式发展。

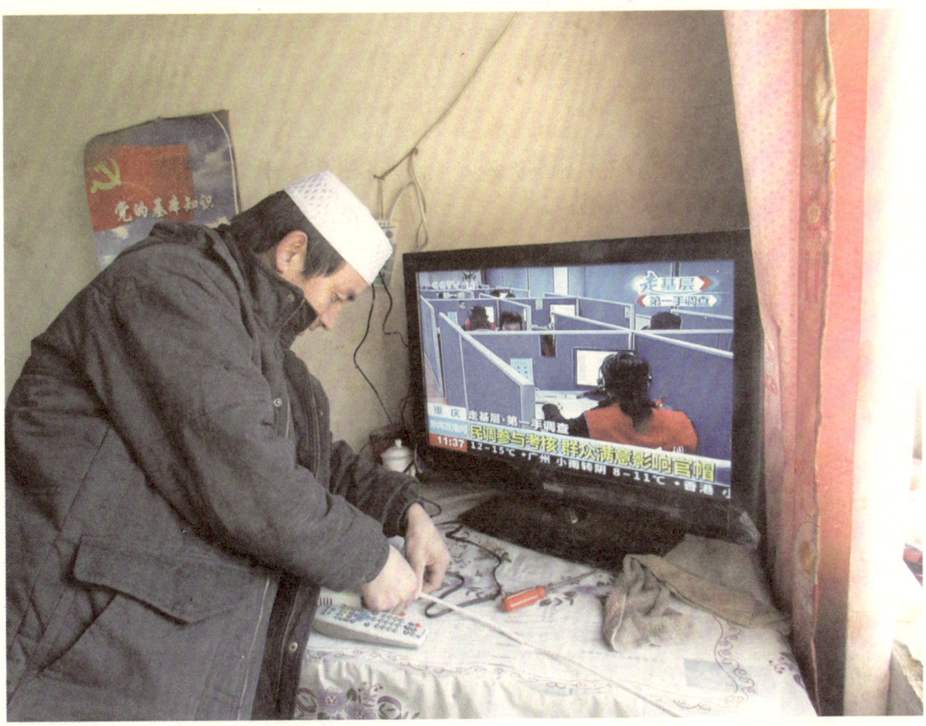

宁夏彭阳县交岔乡农民调试卫星电视设备

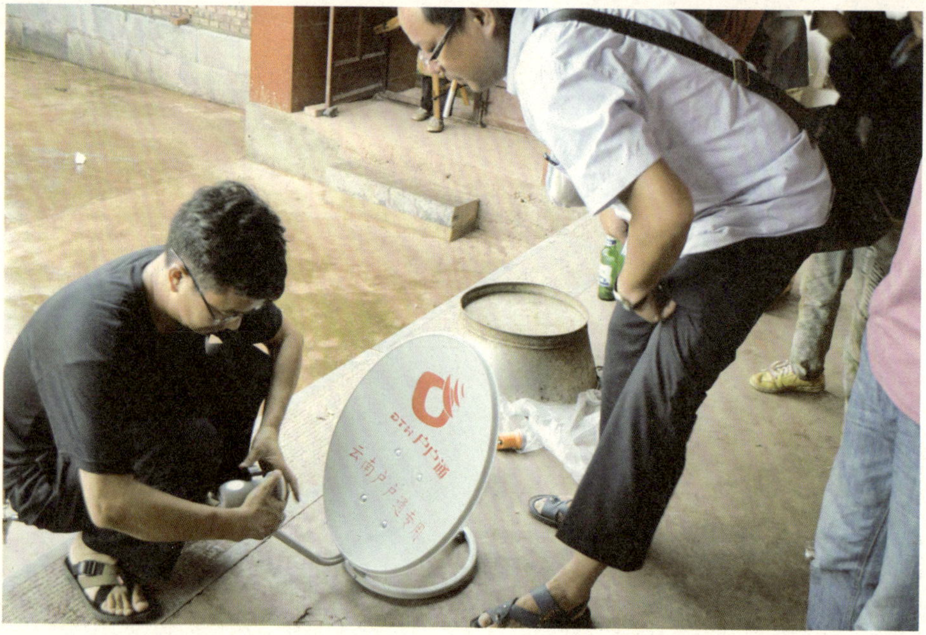

乌恰县玛依喀克管委会广电技术员在为牧民安装卫星电视接收器

三、农村电话“村村通”工程——户户通电话，赶上信息化

自2004年启动“村村通电话工程”以来，2016年中国移动已投入资金450亿元，建设基站6.2万个，让众多边远乡村的老百姓享受到了信息惠民的实在成果。

湖北省十堰市竹溪县中锋镇鹰嘴石村是名副其实的边远贫困村。过去，由于通信不畅通，农产品只能苦等买家上门收购，大量当地特产——绞股蓝腐烂在地里，变不成收入，严重阻碍了山里百姓致富的步伐。如今有了网络，村民们再也不用为出售农产品犯愁了。村里人陆续开起网店，当上了“老板”。这种转变正是由中国移动实施的“村村通电话工程”带来的。

2004年，在工信部的组织领导下，中国移动启动了发展农村通信、推动农村通信普遍服务的划时代工程——村村通电话工程。“村村通电话工程”覆盖目标多为山区，地形条件复杂，交通不便，基础条件差，任务十分艰巨。为保障工程“开得通，用得好”，工作人员需要忍受恶劣的天气、糟糕的路况和身体体能透支，进行实地勘察，确定理想的建站位置，以保证覆盖面最广、

山区农民用上移动电话

效果最好。

“村村通电话工程”的顺利实施也得益于当地政府和民众的大力支持和帮助。地方政府在征地、赔补、协调等方面出台多项优惠政策，当地民众也纷纷伸出援手，肩扛手拉推进村村通惠民工程。

目前，中国已经实现了“村村通电话、乡乡能上网”，各地以“村村通电话”工程为载体、大规模进行网络基础建设的同时，还普及了农村信息化，不仅让农民用得上手机，还让农民用得起、用得好、用得值，利用信息致富。“村村通电话”工程使得农村通信设施得到全面加强，电信服务普遍取得长足进步，建立了农村综合信息服务体系，使农村信息化水平得到整体提升，为改善农民生活质量、农业增产、农民增收、农村繁荣发挥了积极作用。

四、农村饮水安全工程——农村安全饮水，保障人民生命

2005 年以来，甘肃省天水市武山县通过实施农村安全饮水工程，已经解决了 14 个乡镇、223 个行政村、45391 户、20.35 万农村人口和 90 所学校 22236 名师生的饮水安全问题。有条件的农户用上了水冲厕所，摆上了洗衣机。

农村饮水安全工程建设，不仅解决了当地群众饮水不安全、自来水到户难的问题，在不少农村还出现了“水龙头革命”“厨房革命”，极大地促进了当地农村经济的发展，改善了农村的生活风貌。

武山县所实施的农村安全饮水工程是中国农村饮水安全工程的一个典型代表。农村饮水安全工程于2005年正式启动，主要是以饮水安全、农田水利、水土保持等项目为重点，实现农村饮水的工作重点从饮水解困向饮水安全的转变，即从单一的解决缺水问题向保证“水量、水质、方便程度、保证率”四项指标达标转变，全面解决农村饮水安全问题。

武山县实施农村安全饮水工程主要采取了以下做法：

（一）统筹兼顾，分步实施。优先解决严重影响居民身体健康的水质问题、涉水重病区的饮水安全问题以及局部地区严重缺水问题。

（二）规模发展，注重实效。有条件的地区发展规模化集中供水，不具备条件的地方可以采取分散式供水或分质供水。

天水市武山县的小学通上了自来水

（三）防治结合，确保水质。加强水源地保护和水污染防治，完善水质检测与监测制度。

（四）建管并重，促进节水。建立健全县级供水技术服务体系，积极推行用水户全过程参与建设和管理，认真落实节水政策和措施，促进节约用水。

（五）坚持政府主导，农民参与。农村饮水安全建设管理由地方政府负总责，中央给予指导和资金支持，群众以投工投劳为主，鼓励和引导社会资金投入。

五、农村电网改造升级——光明送到农户家，温暖千万农民心

2012 年底竣工的宁夏回族自治区农村电网改造升级工程通过验收，这标志着整个工程全面完成建设任务。该工程共新建 110 千伏变电站 4 座，新建及改造 35 千伏变电站 36 座，新建及改造低压线路 18557 千米，解决了全区 1668 个行政村、8.25 万农村用电户的低电压问题，缓解了 43 条农村 10 千伏

宁夏农村电网改造升级后的电线设备

线路问题，完成了292个生态移民、塞上新居和200个设施农业项目的供电设施配套建设，建成了115个标准化用电村，使得宁夏农村电网供电可靠率由改造升级工程实施前的98.8%提高到99.82%，综合线损率由12%降低到7.35%，进一步提升了宁夏农村配电网的供电能力和供电质量。

宁夏的农村电网改造升级工程生动地反映了中国农村电网改造工程建设实际。在中国许多农村地区，用电不畅、用电太贵一直严重制约着当地经济的发展和人民群众生活水平的提高。1998年，中国实施的农村电网建设与改造工程，把满足农村居民一般性照明、看电视和粮食加工等用电需求作为参考标准。通过建设和改造，全国农村低压线损率也普遍从改造前的20%~30%降到了12%以下，全国农村到户电价均有下降，一半以上的县实现了县内居民生活用电同价，还有一些省市，如上海、江苏等，已经实现了全省（区、市）居民生活用电同价。2011年，国务院决定按照统一规划、分步实施，因地制宜、突出重点，经济合理、先进适用，深化改革、加强管理的原则，实施新一轮农村电网改造升级工程，使全国农村电网普遍得到改造，农村居民生活用电得到较好保障，农业生产用电问题基本解决，基本建成安全可靠、节能环保、技术先进、管理规范的新型农村电网。

六、农村基础设施PPP投资模式——公私合营助力农村发展

2016年11月23日上午，湖北首个PPP模式（公私合营关系）、投资最大的精准扶贫饮水安全项目在恩施土家族苗族自治州来凤县开工建设。地处鄂西山区的来凤县是中国第一个实行土家族民族区域自治的地区，总人口33万，是鄂湘渝黔边区重要的物资集散地。目前，该县仍有部分贫困村寨和贫困人口饮水困难，解决农村饮水安全是该县脱贫致富的重要内容。

该项目覆盖来凤县100%的自然村和院落，使98%以上的农村居民能够用上方便纯净的健康水，惠及28万农村居民，实现该县精准扶贫农村饮水安全工程建设目标。该项目投资3.75亿元，设计日供水量约6万立方米，新建和改建来凤县27个制水厂，铺设供水主管网约1070千米，铺设配水管网约1500千米，工期13个月。经过公开招标，湖北水总水利水电建设股份有限公司以第一名候选人资格与来凤县进行谈判，成为中选社会资本方。其中项目

工人正在铺设安全饮用水管道

资本金占总投资额的30%，由政府和社会资本按股权比例出资，剩余的70%部分由中标社会资本方承担资金投入责任。

PPP模式，又称为“公私合营模式”，即Public—Private—Partnership，起源于英国的“公共私营合作”的融资机制，是指政府与私人组织为了合作建设基础设施项目，或是为了提供某种公共物品和服务，以特许权协议为基础，彼此之间形成一种伙伴式的合作关系，并通过签署合同来明确双方的权利和义务，最终使合作各方达到比单独行动更为有利的结果。PPP模式主要集中于城市基础设施开发领域，将这种模式引进到农业与农村基础设施开发领域，是近几年中国农村新出现的一种模式。

基于地方的探索经验，2017年2月，国务院办公厅颁布《关于创新农村基础设施投融资体制机制的指导意见》，指出农村基础设施是社会主义新农村建设的重要内容，是农村经济社会发展的重要支撑。农村道路、供水、污水垃圾处理、供电、电信等基础设施建设步伐不断加快，生产生活条件逐步改善，但由于历史欠账较多、资金投入不足、融资渠道不畅等原因，农村基础设施总体上仍比较薄弱，与全面建成小康社会的要求还有较大差距。为创新农村基础设施投融资体制机制，加快农村基础设施建设步伐。鼓励各地通过PPP模式引导社会资本投向农村基础设施领域，并始终坚持四大原则：政府主导、社会参与，农民受益、民主决策，因地制宜、分类施策，建管并重、统筹推进。

第三节　农业生产的基础建设

一、农田水利建设——建设水利设施，服务农业现代化

湖南省长沙市宁乡县按照“政府主导、群众主体”的工作思路，全力实施农村田间水利扩容提质工程，并创造了以“基础工作扎实，干部责任到位，

扩容修建好后的池塘

宁乡县水稻田中的灌溉水渠

群众主体作用突出，投入主体多元，综合效益显著”为主要内容的“宁乡经验”。

2013 年以来，通过政府财政投入 1 亿元，村民自筹资金、社会慈善企业投入 5 亿元，共计 6 亿多元，清淤山塘 2741 口、新建 235 口，改善和增加蓄水面 2.4 万亩，疏浚沟渠 2663 千米，整治河道 1046 千米，改造田间渠系 23.8 万亩，更新改造河坝 360 座，修复大小水毁工程 410 处，境内黄材、田坪、洞庭、韶花等四大灌区干渠全线疏通，很多连续十几年，甚至二十几年没有灌水的尾灌区和末端渠系得到灌溉，全县农田水利“毛细血管网”加快疏通。

“宁乡经验”是中国大规模推进农田水利建设的一个典型例子。中国一直把农田水利作为农业基础设施建设的重点，提出了“到 2020 年，农田有效灌溉面积达到 10 亿亩以上，农田灌溉水有效利用系数提高到 0.55 以上”的工作目标。农田水利建设是指为发展农业生产服务的水利事业。其基本任务是通过水利工程技术措施，改变不利于农业生产发展的自然条件，为农业高产高效服务；通过兴修为农田服务的水利设施，包括灌溉、排水、除涝和防治盐、渍灾害等，建设旱涝保收、高产稳产的基本农田。

农田水利建设涵盖以下几大板块：重大水利工程建设，包括江河湖库水系连通工程、大中型灌区建设及续建配套与节水改造、大型灌排泵站更新改造；小型农田水利设施建设，包括农村河塘清淤整治，山丘区小水窖、小水池、小泵站、小塘坝、小水渠等“五小水利”建设，田间渠系配套、雨水集蓄利用、牧区节水灌溉饲草料地建设；开展高效节水灌溉行动，推广先进适用节水灌溉技术；实施中小河流治理和山洪、地质灾害防治。

二、高标准基本农田建设——整治一方地，造福万家人

乐山市是四川省重要的粮食产区，2014 年全市高标准农田建设面积完成 10.42 万亩，示范区完成 9.01 万亩，均超额完成了省政府下达的任务，通过了标准农田的建设。全市 6 个县（市、区）11 个示范区新增粮食产量 688 万千克，新增产值 3993 万元，促进了新品种、新模式的示范推广，便利了土地流转规

乐山平整后的水田

模经营者采取中大型机械作业，农业生态环境也得到改善。

乐山市高标准基本农田建设反映了地方积极响应中央政府对土地整治的政策，有利于中国粮食生产安全和农业现代化建设。高标准农田建设目标主要涉及田（平整连片）、土（土质提升）、水（农田水利）、路、林（农田防护）、电、技（农业技术、良种推广、肥料利用等）、管（后期管理维护）八个方面。这项政策开始于 2011 年 9 月 24 日国土资源部印发《高标准基本农田建设规范（试行）》，提出高标准基本农田建设规范。2013 年，中央相继发布《全国高标准农田建设总体规划》《高标准农田建设通则》，对建设高标准基本农田作了整体规划和具体标准细则要求。2016 年，中央一号文件明确要求，到 2020 年确保建成 8 亿亩，力争建成 10 亿亩集中连片、旱涝保收、稳产高产、生态友好的高标准农田，优先在粮食主产区建设确保口粮安全的高标准农田。

据国家发改委统计数据显示，2011 年至 2015 年各地累计建成高标准农田 4 亿多亩，项目区农田生产条件明显改善，农田抗灾减灾能力显著增强，形成了一批田成方、渠相连、旱能灌、涝能排的粮食生产基地，粮食主产区亩均产量提高 10%~20%。2016 年计划再增建 1 亿亩高标准农田。

三、河长制——为子孙留一泓清清的河水

2016 年 12 月 21 日，昆明市滇池管理局在座谈会上介绍，滇池流域自 2008 年实行“河长制”以来，河道生态环境和水质得到明显改善。滇池流域面积 2920 平方千米，有 35 条主要入湖河道和 1 条出水河道。20 世纪 80 年代中后期以来，滇池遭到严重污染，被列入国家重点流域污染防治范围。

什么是河长？谁是河长？在昆明，由市政府主要领导担任全市的总河长，市政府分管领导担任副总河长，市级四套领导班子中的省管干部和各县区乡镇主要领导分别担任市、县（区）、乡镇的河长。河长对辖区水质目标及截污目标负总责，实行分段监控、分段管理、分段考核、分段问责，其核心就是对河道水生态、水环境持续改善和断面水质达标负领导责任，实行任期目标责任制。

昆明市实行“河长制”9 年来，滇池基本实现了 36 条出入滇池的河道以

滇池流域清澈的河道

及滇池周围工业、农业、生活污染源的截污导流，河道水环境得到了有效改善，直排污水现象基本消除；入滇河道水质不断改善，主要入湖污染物浓度明显减轻；滇池流域河道两岸拆临、拆违，实施河床内湿地绿化，河道生态景观得到改善。2017 年，昆明市已开始在所有河湖范围内推行“河长制”。其中，在滇池流域将全面实行河道管护市场化运作模式，力争到 2020 年滇池外海水质稳定达到Ⅳ类。

河长制从何而来，从何兴起呢？

2007 年夏季，由于太湖水质恶化，加上不利的气象条件，导致太湖大面积蓝藻爆发，引发了江苏省无锡市的水危机。痛定思痛，当地政府认识到，水质恶化导致的蓝藻爆发，问题表现在水里，根子是在岸上。解决这些问题，不仅要在水上下功夫，更要在岸上下功夫；不仅要本地区治污，更要统筹河流上下游、左右岸联防联治；不仅要靠水利、环保、城建等部门切实履行职责，更需要党政主导、部门联动、社会参与。2007 年 8 月，无锡市在中国率先实行河长制，由各级党政负责人分别担任 64 条河道的河长，加强污染物源头治理，负责督办河道水质改善工作。河长制实施后效果明显，无锡境内水功能区水质达标率从 2007 年的 7.1% 提高到 2015 年的 44.4%，太湖水质也

2007 年太湖蓝藻爆发

得到显著改善。

江苏太湖“河长制”的治理经验给全国许多地方提供了学习榜样，各地陆续来此取经，回到本地结合实际进行试验和探索。经过多年的探索发展，这一经验也被中央认可，并在全国推广。2016 年 10 月 11 日，习近平总书记主持召开中央全面深化改革领导小组第 28 次会议，审议通过了《关于全面推行河长制的意见》。2016 年 12 月 13 日，中国水利部、环境保护部、发展改革委、财政部、国土资源部、住建部、交通运输部、农业部、卫计委、林业局等十部委在北京召开视频会议，部署全面推行河长制各项工作，确保到 2018 年年底前，如期实现全面建立河长制的目标任务。具体来说，需完成以下工作：强化落实“河长制”，从突击式治水向制度化治水转变；加强后续监管，完善考核机制；加快建章立制，促进“河长制”体系化；狠抓截污纳管，强化源头治理，堵疏结合，标本兼治。

生产篇

创新农村生产方式，拓宽农民增收渠道

导 读

改革开放以来，农村劳动生产力得到大发展，但是相对城市工业部门而言增速仍然很低，创收能力也远远不及工业部门。特别是随着20世纪90年代乡镇企业的衰败，留在农村的大部分人仍旧靠种植玉米、小麦、稻谷等主要粮食作物获得收入。土地的产出主要靠化肥、农药，农民很少有品牌意识或者加工能力，农产品的附加值基本流向城市。在生产工具方面，从耕种到收割一体化的机械作业方式刚刚兴起。随着城市经济的发展，蔬菜、瓜果等经济作物的需求量开始增加。经济作物成为部分地区部分农民第二种主要收

农业机械未普及前人工割麦子场景

入来源。农民有限的增收方式，使得城乡收入差距逐渐拉大，越来越多的农民离开家乡到城市寻找创收机会。提高在村农民收入，成为缩小城乡差距、实现城乡一体化的重要一步。

2012 年 10 月 26 日，党的十七届三中全会通过的《中共中央关于推进农村改革发展若干重大问题的决定》明确提出建立城乡经济社会一体化。统筹城乡发展，实现城乡一体化是解决“三农”问题的重要途径。缩小城乡收入差距是迫切要解决的问题，怎样提高农村人的收入水平越来越成为社会关注的焦点。一方面，农村人到城市务工经商获取高于在村务农的收入，这是 30 年来发展的主要方式；另一方面，在“工业反哺农业，城市支持农村”的大环境下，让一部分农村人在当地找到增收的途径，特别是在实现农业现代化的过程中实现增收。

这些年中央不断加大对“三农”的投入，改进农业、农村基础设施建设，使得已发展的农村继续保持已有的优势，寻找新的机会，未发展的农村利用新机遇谋发展。当前国家正在大力推进农业现代化建设，大量补贴购置现代农业机械，扶持以合作社、家庭农场为主的现代化农业主力军；沿海地区产

农业机械普及后的割麦子场景

业升级，部分基础制造业向内地转移，有条件的农村开始承接产业转移，吸引一批外出农民工返乡创业或者回乡就业；城市人休闲消费需求增加，为乡村旅游、休闲农业带来机会，特别是新农村建设完善了乡村基础设施，方便了城市居民下乡消费；农村电子商务、快递下乡、互联网助力现代农业发展，让便宜的工业品下乡，让生态有机农产品进城，既方便了农民生活，也使农民富裕起来。如今的农村居民不再仅仅靠传统的农耕方式获得收入，多元的生产方式拓宽了农村居民的增收渠道，使得他们走上致富路。

第一节　走向农业现代化

一、农业生产工具——走向机械化，走向现代化

农业生产工具代表着每个时代的农业生产水平。原始社会制造农具的原料，最早是石、骨、蚌、角等。商、周时代出现了青铜农具，种类有锛、斧、铲、耨、镰、犁形器等。这是中国农具史上的一个重大进步，且商代已经开始利用牛进行犁耕。

春秋战国之际，冶铁技术先后出现了生铁冶铸、炼钢和生铁柔化三项技术，使铁器成为富有广阔前途的锐利工具，加快了铁农具代替木、石、青铜农具的历史进程。铁农具的使用是农业生产上的一个转折点，铁农具种类越来越多，农业分工越来越细，相继出现了种类多样的耕垦农具（包括犁、锸等）、中耕农具（包括锄、铲等）、收获农具（主要是镰刀）。铁制农具能清除大片森林，使之变为耕地、牧场，也使大面积的田野耕作成为可能，甚至使农业生产关系、土地耕作制度和作物栽培技术等也发生一系列的变化。铁制农具于秦汉时期开始推广，于隋、唐、宋、元发展成熟。隋唐时期农具有显著改进，发明了曲辕犁和水转筒车，为历代所沿用。

新中国成立后，中国开始社会主义工业化建设，学习苏联模式，进行农业集体化生产。部分农业机械开始进入农业生产领域，主要是手扶拖拉机跑运输，耕种、收割主要还是靠牲畜和人力劳动。改革开放后，随着工业的进

延续千年的牛耕方式

一步发展，改造后的手扶拖拉机除了用于运输外，配上相关工具，还可进行收割、耕地、抽水等，大大减轻了农民的体力劳动。到20世纪90年代中后期，专业化的农业机械开始进入农民家庭，比如收割机、耕田机、播种机、插秧机等。

2005年，我国开始进行新农村建设，农业现代化逐步提上日程，农业机械化开始推广和普及。金融危机后，国家为了大力推进农业现代化建设，鼓励农民购买机械，并进行补贴。各种农业机械出现在市面上，同样是收割机，大、中、小型号供不同地形的农田作业，小型飞机打药也不再是新鲜事。然而，中国离实现高度农业机械化还有一定的距离，因为中国是一个农业大国，更是一个农民大国，机械化的程度和深度要与中国农业人口向非农领域转移

国产玉米收割机

的速度和程度相匹配。虽然如此，随着机械化的推进，耕地、收割、加工等主要消耗体力的活儿已被机械代替，极大地提高了农业生产率，增加了农民的农闲时间，使农民开始从繁重的体力劳动中解放出来。

综上所述，农业生产工具的演变在原始农业、传统农业、现代农业中有着重要的意义。农业生产工具的演变，使得农业一步一步地向现代化发展，也推动了社会的不断发展。

二、构建新型农业经营体系——实现农业现代化的重要途径

2017 年 3 月，习近平总书记在参加十二届全国人大五次会议四川代表团审议时指出，农业农村发展已进入新的历史阶段，农业的主要矛盾由总量不足转变为结构性矛盾，矛盾的主要方面在供给侧，必须深入推进农业供给侧结构性改革，加快培育农业农村发展新动能，开创农业现代化建设新局面。

自党的十八大以来，四川加快构建新型农业经营体系，大力发展现代农业。围绕解决“地怎么种”的问题，大力创新农业经营体系，通过经营权流

转、土地股份合作、代耕代种、土地托管、农业共营制等多种形式，积极发展适度规模经营，加快培育新型农业经营主体，分别做了以下几方面的工作：落实所有权、承包权、经营权三权分置，放活土地经营权，进一步加大资金、项目、信贷等方面的扶持力度，2014 年至 2016 年，培养种养大户达 13 万户，家庭农场新增 2.8 万个；支持农民合作社规范发展，推动财政投入形成资产转交合作社持有和管护，财政支农项目向合作社重点倾斜；引导龙头企业集聚发展，完善带动机制模式；出台四川省新型职业农民认定办法，探索开展新型职业农民制度试点；建成覆盖全省的公益性农技推广体系，截至 2016 年年底，已建立 11746 个推广机构；加快培育农业经营性服务组织，出台支持新型经营主体开展社会化服务的扶持政策和扶持农机服务社、统防统治合作社、营销合作社等社会化服务组织的政策，把农业服务纳入政府向社会力量购买服务内容，在 20 个县（市、区）开展农业生产全程社会化服务试点；出台支持新型农村流通主体和农村电子商务发展的意见。截至 2016 年年底，全省乡镇级电子商务服务站点覆盖率达到 25%，物流配送网络覆盖全省 60% 以上

一个家庭农场的大棚蔬菜基地

的村。

新型农业经营体系是以家庭农场、专业大户、农民合作社、农业龙头企业等大型农业经营单位为主体，带动个体农户增产增收的规模经营和社会化服务体系。当前，我国农业发展面临务农人员老龄化、土地经营方式粗放、农民组织程度低、农村人才流失严重、服务体系不健全等突出问题。解决这些问题，需要培育新型农业经营主体、发展新型农业经营方式、构建新型农业社会化服务体系，积极稳妥地推进新型农业经营体系建设。这些要求在2014年被写进中央一号文件，经过几年的发展，已形成一定的规模，各地方不断完善新型农业经营体系的组织和配套设施建设，为中国农业现代化的发展开辟了一条重要道路。

三、农民专业合作社——同走合作路，敲开致富门

吉林省农安县众一农民专业合作社负责种植和管理近500公顷耕地，在此规模下，合作社在2016年改变传统的人工打农药模式，采用小型飞机喷洒农药，大大提高了农田作业效率。过去人工2个小时喷洒1公顷，高架车1天喷洒20公顷，现今飞机1天能喷洒100公顷。众一合作社随着流转土地的规模越来越大，也从拥有一台小型农机发展到如今拥有130台套各类农机，实现耕种收全程机械化。

东北三省土壤肥沃，是中国重要的产粮地区。农民专业合作社发展迅速，合作社经营土地规模在全国也是相对较大的，机械化发展最迅速。黑龙江省东北部集贤县高丰水稻种植专业合作社是另外一个例子。2013年发展到130户，入社土地8800亩。该合作社实行“五统一”，即统一种植、统一技术规程、统一农资供应、统一销售、统一连保贷款服务的模式，很快成为集贤县无公害有机水稻生产基地之一，合作社成员每亩收入1866元，比非合作社成员高出400元。

东北农民专业合作社的发展是全国农民专业合作社的代表。合作社成为农业现代化的重要力量以及带动农民致富的重要组织。2007年7月实行的《农民专业合作社法》对农民专业合作社的发展给予了法律上的肯定和支持引导。截至2015年10月底，全国农民合作社达147.9万家，入社农户9997万户，

农民专业合作社正在用小飞机打农药

各级示范社超过 13.5 万家。

农民专业合作社改变了以往农村一家一户个体分散经营的传统模式，通过组织引导农民共同闯市场，有效地提高了农民的组织化程度，增强了抵御市场风险的能力，加速了农产品的流通，提升了农产品的价格，从而促进了农民收入的增长。

四、现代农业示范区——科技兴农，管理惠农

2015 年，国家农业部、财政部在 153 个国家现代农业示范区内，以县为单位择优评选符合条件的示范区进行奖补。寿光县最终以山东省第一名的成绩入围国家现代农业示范区。

山东寿光县立足自身优势，积极推进传统粗放式农业发展向优势特色产业发展转变，对农业产业进行规划和定位，逐步形成了南部菜、中部粮、北部盐和棉的梯次结构。寿光以 410 家龙头企业为主进行现代化农业园示范区建设，分担农业科技研发推广成本。比如，国家重点龙头企业寿光蔬菜产业

寿光蔬菜产业控股集团科研人员在农业产业园工厂化育苗基地检测种苗生产情况

控股集团投资2亿元建设的现代农业产业园占地1600亩，该园区是与中国（寿光）蔬菜种业科技创新孵化器紧密对接的实验基地，也是该集团的种苗繁育和推广基地，已成为集生产、研发、推广于一体的中国高端农业园区之一。园区形成的集聚效应，不仅壮大发展了龙头企业，也带动了当地分散小农户提高附加值。

截至目前，全市的蔬菜种植面积已发展到80万亩，冬暖式蔬菜大棚达到40万个，形成万亩胡萝卜、万亩韭菜、万亩芹菜等十几个成方连片的蔬菜生产基地。全市涌现出“中国韭菜第一乡”“中国胡萝卜第一镇”“中国香瓜第一镇”等专业镇村587个，蔬菜产业成为寿光最具竞争力和特色的支柱产业，仅蔬菜一项，农民年人均纯收入就有4000多元。

为探索现代化农业之路，2010年国家农业部出台了《关于创建国家现代农业示范区的意见》。截至2015年年底，农业部根据各地建设情况，验收了283个现代农业示范区，其面积共有127万平方千米，占全国国土面积的13%，具有较强的代表性。在主导产业上，13个粮食主产省的示范区总量达到173个，约占60%。这些示范区都以粮食、肉类等为主导产业。此外，以蔬菜、水果、花卉等特色产业为主导的示范区占到40%左右。示范园区为推进区域现代农业发展，保障粮食等主要农产品有效供给树立新样板；为示范推广现代农业技术，促进农业发展方式转变开辟新途径；为培养新型农民，提高农民增收致富能力打造新基地；为农户与市场的有效对接搭建新平台。

五、设施农业——人工技术改造农业的“天堂”

相对于传统农业生产，设施农业已经成为农民增收致富的新亮点。辽宁省海城市望台镇瑞亚蔬菜种植合作社从海外引进6栋无土建钢结构大棚。其最大的好处就是提高土地利用率，现在农民的暖棚普遍是用土墙作为保温墙，一个1.5亩的暖棚，占地面积要达到3.5亩，举架高度最高不超过3米。而同样面积的新式暖棚，占地面积在2.2亩左右，暖棚的举架高度达到了4.5米。除提高土地利用率外，新式暖棚举架高，采光好，棚体的设计也比较合理。

海城市蔬菜种植合作社的设施农业

设施农业，是在环境相对可控的条件下，采用工程技术手段，进行动植物高效生产的一种现代农业种植方式。随着经济的发展，居民对水果、蔬菜、肉禽类产品的需求量上升，2008年农业部发布《关于促进设施农业发展的意见》，支持引导我国设施农业的发展，要求地方政府加大资金投入，完善基础设施建设，提升我国设施农业机械化、自动化、智能化，促进生物技术、工程技术和信息技术的集成运用，加大设施农业人才培养的力度，发挥大专院校、科研院所的作用，通过提高设施农业教育比重、委托培养等方式，强化科技创新人才的培养。

六、家庭农场——中国现代农业发展的生力军

2013年4月，江苏省启东市北新镇的于冬娟注册成立了“冬娟家庭农场”。该农场现今已发展到近500亩农田全机械化作业的规模。

十多年前，于冬娟和丈夫从上海崇明返回家乡承包了江苏省海门市临江一个小农场的100亩地。第一年种粮食，他们亏了1万；第二年种西瓜，卖

家庭农场的农民喜获丰收

不出去……正当夫妻俩开始动摇的时候，于冬娟夫妇的老家启东市北新镇的一位村干部主动找上门来。原来，村里不少农户外出打工，没人种田，村干部希望夫妻俩回到村里来承包这些抛荒地。

种粮是一个高投入、低产出的行业。传统的种植方法根本不行，如何让一亩地产出最大效益？于冬娟四处求教，得出一个结论：科学种植，才能降低生产成本，使效益稳步提高。于是，仅有初中文化程度的于冬娟重新捧起了书本，购买了农业科技书籍，订阅了《科学种养》《致富快报》等10多种农业科技刊物，一有空就学习。同时，她积极参加市、镇举办的各类农业技术培训班，还自学了计算机，利用网络浏览各类农业信息。在边实践边摸索边提高中，于冬娟种粮的底气更足了。苦尽甘来，如今于冬娟的农场一年出售粮食230吨，帮助乡亲们销售青蚕豆、青毛豆等四青作物800吨。于冬娟既实现了农业致富，也带动了当地老百姓增产增收。

家庭农场起源于欧美的The family farm。20世纪以来，家庭农场一直是美国、法国、日本等发达国家农业集约化、机械化发展的重要载体之一。中国“家庭农场”一词首次写入中央文件是在2008年。2013年、2014年，“家庭农场”连续两年出现在中央一号文件中，文件提出要发展适度规模化家庭农场。家庭农场有别于自给自足的小农经营，其主要特征在于，以家庭成员为主要劳动力，从事农业规模化、集约化、商品化生产经营，较之兼业农民和各种短期承包经营行为更具长期稳定性，经过工商注册登记，并以农业收入为家庭主要收入来源。

2014年2月底，农业部发布《关于促进家庭农场发展的指导意见》，全国各地家庭农场呈现快速发展势头。据农业部统计，目前全国已有超过87万户各类家庭农场，经营耕地面积达到1.76亿亩，占全国承包耕地总面积的13.4%。其中，经农业部门认定的家庭农场超过34万户，平均经营规模为150亩左右。

七、科技下乡——普及科技，培智富民

2016年4月20日，云南省建水县科技局组织农科技术人员到甸尾乡跃进村村委会对100多位农民进行冬马铃薯高产创建项目技术培训，并带领农民

专家在泥鳅繁育基地进行知识普及

到马铃薯种植示范基地，现场观摩聆听科学种植方法、增收创收经验。县科协与甸尾乡种植马铃薯的农户进行科技对接，坚持小问题电话咨询，大问题亲自到现场查看指导。甸尾乡去年冬季种植马铃薯20110亩，现在开始外销，每亩产值可达1000元。

近几年，云南省积极鼓励基层政府组织开展科技下乡活动，送农民急需的科技到千家万户，通过活动的开展拉近与老百姓的距离。每个地方的县科协是送科技下乡的主力军，与其他部门和社会农业公司技术人员联合开展了形式各样的科技下乡活动，比如开展讲座、编写农技宣传手册、深入田间地头指导、有针对性地给农民开展培训班等，向群众宣传禁用农（兽）药、农作物配方肥的施用、微耕机的使用方法及注意事项、无公害种植技术、玉米种植技术、板栗种植技术、核桃种植技术、扶贫政策、三农保险政策等，涉及粮油、蔬菜、植保、种子、畜牧兽医、农机等领域。

科技下乡是把科学技术提供给农民，提高农民科学育种、科学管理、科学防灾的意识，以节省财力、物力、人力等来提高产量和质量，为农民服务，为新农村建设打下坚实的基础。1996年12月，中央宣传部、国家科委、农业部、文化部等十部委联合下发《关于开展文化科技卫生“三下乡”活动的通知》，1997年，文化、科技、卫生三下乡活动在全国正式开展。自那时起，科技下乡一直在全国各地以不同形式进行。在推行农业现代化的过程中，农民对农业生产、生活科技知识的需求越来越多。

2016年，中央宣传部、教育部、科技部、中国科协等12部委联合下发通知，要求深入开展文化科技卫生“三下乡”活动，面向农村积极开展文化科技卫生服务，着力提高农民的思想道德素质、科学文化素质、健康素质。其中科技下乡是重中之重，广泛开展农村科技服务和科学普及活动，继续开展科技列车行、科普大篷车万里行、流动科技馆进基层、科技之光青年专家服务团活动，提高农民的科技意识、科技致富能力和科学素养。

八、送教下乡——把课堂办到农民家门口

根据广西壮族自治区“十二五”规划建设新农村和大力培育新型职业农民的要求，广西梧州农业学校积极组织送教下乡教师队伍，与贺州市平桂区农业局联手，把课堂办到农民家门口。2012年对平桂区18个村1000多名农民进行了培训，使农民真正学到了一些实用技术和致富的本领。送教下乡的行为赢得了农民的一致赞扬，平桂区西湾村的曾灵利高兴地说：“不出家门也能学到技术，增长知识，还不耽误自家农活，这样的培训班就是好。”

老师们充分结合当地农村的生产实际，开设了农民信息员、农村经纪人、农产品贮存加工、农机应用维修、畜牧兽医和园林技术等培训班；学校选派了最富经验的何素云、庞显东、彭泽其、苏崇、朱奕启等骨干教师前往讲学，并在田间地头、饲养场对学员进行现场指导。送教下乡为当地农村培养了一大批有文化、懂技术、会经营的农村技术人才和自主创业的新型农民，收到了良好的培训效果。

送教下乡就是把城市职业院校涉农专业的优质教育资源送到农村，把学校办到农民的家门口，把实践课放在田间地头、饲养场，让想上学的农民有学上。通过系统的职业教育，提高从业农民的生产技术水平、经营管理能力和思想道德素质，为社会主义新农村建设培养有文化、懂技术、会管理的新

农技局工作人员现场给农民讲解果树种植技术

型农民。

2014年，农业部办公厅、财政部办公厅印发《关于做好2014年农民培训工作的通知》，要求大力实施新型职业农民培育工程，构建一支“有文化、懂技术、会经营”的新型职业农民队伍。安排培训教师开展跟踪技术指导，做到系统知识培训与跟踪指导服务相结合、理论教学与实践教学相结合、传统培训方式与现代培训手段相结合。送教下乡的模式注重实践技能操作，实行农民田间学校、家门口学校等培训模式，符合农民的生活与劳动习惯，大大提高了培训的参与性、互动性和实效性。

九、“一带一路”——为农业插上腾飞的“翅膀”

2017年5月14日至15日，“一带一路”国际合作高峰论坛在北京成功举办，峰会丰硕的成果举世瞩目，它也从一国倡议变成了多国的共识，特别是“一带一路”沿线国家丰富的农业资源，为中国农业“走出去”带来极大的市场，为农业“走出去”创造了新的机遇。但是抓住机遇还需要立足当前农业合作基础，充分利用和挖掘合作潜力，强化“大农业”海外投资的力度，在重点领域和方向上取得突破。

中国有着悠久的农业对外交流的历史，古代丝绸之路更是在丰富沿线人民的生活、促进农业技术交流和农产品贸易方面发挥了重要的作用。借丝绸之路，中国从西域引入了胡麻、石榴、葡萄、苜蓿等作物品种，并把冶铁、掘井和丝绸、茶等农业技术和产品带到了中亚，促进了各国间农业技术的传播与交流。几千年来，中国农业在“走出去”和“引进来”的过程中曾一再大放异彩。

但是，与能源、铁路、矿产等“高富帅”产业相比，以往中国农业“走出去”面临多重挑战。如今，随着“五通”的提出，设施联通、贸易畅通、资金融通必然会把农业“走出去”面临的基础设施落后、贸易不便利、融资难等问题逐步解决。可以说，农业“走出去”迎来了绝佳机会。更为重要的是，“一带一路”倡议也为沿线其他国家的农业发展提供了绝佳的机会。

现代农业是世界农业发展的方向，近些年来中国现代农业的建设不断加

2016年3月，北京“一带一路”特色农业展某展馆以“丝路蔬语”为主题打造的蔬菜创意景观

强。从全球来看，“一带一路”沿线国家农业比重较大，当前各国都致力于建设符合国情的现代农业。沿线64个国家资源条件、人文环境、生态条件、资源条件各不相同，因此各国都采取从实际出发的现代农业的策略，但是都把提高现代农业建设发展水平、农业综合生产能力、农产品的质量安全，加快农业资源和生态保护几大方面作为重要的任务。

所以，实施“一带一路”战略可以促进各国农业资源的互补，如技术互补、优势互补、产品互补等。比如相比有些国家，中国在杂交水稻的育种技术和栽培技术方面具有相当明显的比较优势。另外，在部分农业产业技术和产品性价比方面也具有优势，这些都有广泛的合作空间。

“一带一路”是沿线国家经济发展的合奏，包括中国在内的沿线各国，都可以互通有无，互惠互利，共谋发展。相信随着“一带一路”倡议走向深入，沿线国家的共同努力，各国农业现代化进程必然提速换挡，造福各国人民。

第二节　农村工业与服务业的新发展

中国农村工业从20世纪70年代开始发展。改革开放后，农村生产力得到解放，同时城市对基本商品的需求不断上升，农村工业开始大发展。20世纪80年代以农村工业为基础的乡镇企业异军突起，出现了很多有名的企业村：江阴华西村、张家港永联村、山东南山村等。这些社队办的企业创造了大量非农就业机会。20世纪90年代，中国开始承接大量欧美日发达国家、地区的产业转移，城市工业迎来大发展时机，乡镇企业开始衰落，大量农民离开土地和家乡到沿海城市寻找务工机会。当前，经济处于转型时期，沿海地区的简单加工制造业面临转移和升级，内陆迎来了发展的机会，这也给农村承接部分产业带来机遇。农业“一二三产业融合”的发展思维，同样给一些有资金积累的农民带来了发展空间。

一、农村工业——离土不离乡，同样奔小康

改革开放30多年来，中国出现了一批工业发展得非常好的村庄，并历经市场经济的多方磨难，不断发展壮大。中国南方以江苏华西村为代表，北方以山东南山村为代表，它们成为全国村办企业成功的标杆。

江苏省江阴市华西村在1961年称“华墅人民公社17大队”，因在华墅人民公社最西边，故名“华西大队”。初建时，该村人口667人，集体资产2.5万元，欠债1.5万元，人均分配53元。改革开放后，在第一任书记吴仁宝的带领下，华西村坚持集体经济的发展优势，带领村民经历20世纪70年代造田、80年代造厂、90年代造城的发展历程。几十年中，华西村上演着农民致富的神话。华西村已形成完整的产业体系，第一产业有园艺中心、无公害蔬菜水果、畜牧水产、花卉苗木、稻麦油料基地，第二产业有钢铁、纺织、服装、地产等，第三产业有金融、旅游、物流等。华西村的产业主要由华西集团来负责统筹发展。21世纪的华西村，已经拥有一个地级市的产值、一个县级市的人口、一个乡镇的面积。2012年，华西村实现营业收入524.5亿元。金融危机后，

天下第一村——华西村

华西村产业升级转型初见成效。2013年，传统工业企业对华西村的利润贡献率已降至37%，而约64%的利润来自服务业。

山东省烟台市南山村26年前只有260户800人，是一个鲜为人知的穷山村。中共十一届三中全会以后，南山村靠5000元办起了工副业，迈出了创业的第一步。而后滚动发展，南山村启动了精纺、热电厂、铝业、酿酒、轻合金、旅游、电子软件、农科园等项目，形成了多产并举的繁荣局面，并先后兼并了周边11个村，实现了由先富到同富的飞跃。截至2012年，南山村村办企业南山集团销售收入超过1000亿元，进入中国大型企业500强前列。目前南山村主要经营高尔夫球场、海景房以及电解铝，正在进军航空产业园。南山村村民也都住进了统一建设的小别墅。

20世纪80年代的南山村房屋与今日南山村居民小区

二、产业转移——农村工业的新机遇

随着沿海地区用工成本上升，部分企业纷纷开始向东南亚或者内陆转移。由于地理位置优势，附近的安徽省成为江浙企业转移的首选之地，一些区位优势明显的农村地区也成为部分企业理想的选择之地。2011年，常州金源汽车配件生产厂将生产线迁移到安徽省枞阳县大塘村。该村村委会将集体建设用地以每亩5000元的价格出租给厂方，同时厂方答应优先吸纳该村的劳动力。枞阳县金源汽车零部件有限公司在大塘村项目总投资2600万元，其中环保投资14万元，建成年加工汽车零部件6000吨的生产线一条及与其配套的辅助设施。

大塘村的张师傅在厂里维修机器

该厂全职工人月工资在2000元以上，同样的工人在常州的月工资一般为3500元以上，但是一个农民工在外地打工，去掉房租和生活费，实际所得也就2000元左右，在家工作的人的收入基本都可以存进银行，而且兼顾了家庭。省租金且省用工成本是沿海部分企业在内地建生产线的重要原因。这一举措也给当地增加了税收，给村委会带来了集体收入。这样一举三得的事情，颇受当地居民欢迎。

三、返乡创业——待到回乡创业季，正是回报桑梓时

国际金融危机后，中国越来越多外出打工者带着技术或者资金回到自己的家乡创办企业，特别是有想法的新一代农民工。有些返乡创业者直接将厂房设在自己的村里，既解决了劳动力问题，也给乡亲们带来挣钱的机会。

贵州省黄平县旧州镇草芦坪村谢家坝组的黄成刚是个打工多年的好手。

他经过多年打工生涯的磨炼，渐渐萌生了在家门口创业的想法。2016 年，他奔波于浙江、广东、上海等地，把制袜原料运到家，购买了 4 台袜子生产设备，又把自家的牛圈改建成厂房，共投资近 18 万，开办起洁丰袜子厂，当起了名副其实的袜子厂老板，为家乡的弟兄姐妹提供了就业条件，也为自己提供了在家照顾年近 80 岁父母的条件。洁丰袜子厂生产出来的袜子好穿、合脚、吸汗、润肤，很受父老乡亲的欢迎。袜子厂开业当天，黄成刚就送给前来庆贺的亲朋好友和父老乡亲 500 多双袜子。

总之，村办企业既发展了农村经济，也解决了大量农村人口的就业。中央和地方政府高度重视村办企业的发展，对现今正在转型的农村企业给予引导和支持，对于某些农村正在兴办的农村企业，在不带来严重污染的情况下，给予一定的政策优惠和贷款支持。特别是返乡创业者，当地政府基本有配套的优惠政策。

2015 年，国务院办公厅发布《关于支持农民工等人员返乡创业的意见》，推动农民工等人员返乡创业，帮助农民就业、增加收入，打开新型工业化和农业现代化、城镇化和新农村建设协调发展新局面。这一举措，同样给有回

洁丰袜子厂从浙江购买的袜子生产设备

村办企业想法的人带来鼓舞。

四、乡村旅游——农村的无烟工业

随着收入的稳步上升，城市居民对精神消费的需求日益增加。长期居住在城市，他们对乡村自然和田园生活充满向往，体验乡村生活成了他们放松心情、缓解压力的好方式。城市居民的这一需求恰恰与农村开发相契合，得到地方政府和老百姓的大力欢迎。

宏村位于安徽省黄山市黟县东北部，目前全镇完好保存明清民居140余幢。走进宏村，民间故宫"承志堂"富丽堂皇，可谓皖南古民居之最。村内鳞次栉比的层楼叠院与旖旎的湖光山色交相辉映，动静相宜，空灵蕴藉，处处是景，步步入画。从村外自然环境到村内的水系、街道、建筑，甚至室内布置都完整地保存着古村落的原始状态，没有丝毫现代文明的迹象。造型独特并拥有绝妙田园风光的宏村被誉为"中国画里乡村"。

宏村保存完好的民居和历史文化，成为当地一大特色，2000年被列为世界文化遗产，成为全人类的共同财富。宏村吸引了全国和世界的关注，2015年宏村景区游客已达185万人次，门票收入首次突破1亿元，达到1.14亿元。同年，宏村通过全国旅游标准化试点中期评估，并荣获"中国乡村旅游模范村"称号。通过旅游业的发展，宏村居民将旅游服务和农业相结合，大大增加了收入。2014年，宏村居民从20年前的年人均收入几百元增长到年人均收入16000元。

类似宏村的乡村旅游在全国越来越多。目前，中国乡村旅游发展已经初具规模，并呈现出多样化发展的态势。20世纪90年代以来，中国乡村旅游开始飞速发展。进入21世纪，乡村旅游进入一个全面发展的时期，旅游景点增多，规模扩大，功能拓宽，呈现出一个蓬勃发展的新态势。中国已建成的4万多个旅游景区（点），一半以上分布在广大农村地区；全国乡村旅游景区（点）每年接待游客超过5亿人次，旅游收入超过2000亿元；"十一"和"春节"两个旅游黄金周，全国城市居民出游选择乡村旅游的约占70%，每个黄金周形成大约1亿人次规模的乡村旅游市场。

清明假期，游客惬意地漫步在宏村

五、休闲农业——城市居民放松的好去处

每到周末，东莞市区的家长会开车带着孩子到郊区的家庭农场或者农业园区享受慢节奏的农业生活。这已经成为了广大市民休闲的选择之一。12月份，东莞许多采摘园的草莓成熟了，市民纷纷带着孩子来到郊区采摘园。价格和市场销售价格虽然差不多，但是能吃到新鲜的“红果果”，还能体验一家老小在田间采摘的乐趣，这样的活动颇受市民欢迎。

截至2014年，东莞市共有农业休闲场所60个，经营面积约5000亩，总体经营情况良好，其中可进行综合农业体验的约20个。这些农业休闲场所大多数位于都市圈周边，交通便利，由农民自发建设，具备“农事体验、田园休闲、农家餐饮”等特征，成为东莞的一大特色产业。

东莞休闲农业的发展符合当前居民消费需求变化的趋势。休闲农业是国家发展新农业的一种，其种类多样，有不同功能，如观光、采摘、餐饮、科普、娱乐、休憩、养生等。休闲农业的类型则有自然景观、农家乐、民俗节庆、园区农业等。

休闲农业已是重要的民生产业和新型消费业态，为中国农业增效、农民

周末，众多家长带着孩子到东莞郊区农业园采摘草莓

增收、农村环境改善和经济社会发展做出了积极贡献。2014 年，农业部发布《进一步推动休闲农业持续发展》的通知，提出到 2020 年力争使休闲农业成为促进农业增效、农民增收、农村环境改善的支柱性产业。

总之，中国休闲农业和乡村旅游已进入快速发展期。2016 年 1 月 28 日，在全国休闲农业和乡村旅游经验交流会上，农业部副部长陈晓华透露，仅 2015 年，全国休闲农业和乡村旅游接待游客超过 22 亿人次，营业收入超过 4400 亿元，从业人员 790 万人，其中农民从业人员 630 万人，带动 550 万户农民受益。为顺应发展趋势，2016 年中央一号文件首次明确提出“大力发展休闲农业和乡村旅游”。依托农村绿水青山、田园风光、乡土文化等资源，大力发展休闲度假、旅游观光、养生养老、创意农业、农耕体验、乡村手工艺等，使之成为繁荣农村、富裕农民的新兴支柱产业。

六、一二三产业融合——接二连三，走向“六次农业”

湖南娄底市新化县因势利导，充分挖掘茶叶、中药材的生产潜力，把产品优势转化为产业优势，茶叶、中药材产业快速发展。目前，全县茶叶种植面积有 5 万多亩，年产干茶 2500 吨，茶叶综合产值 2.5 亿元。县政府积极引进省农业产业化龙头企业——渠江薄片茶业公司，投资 5000 多万元，建设了一个集科研、加工、休闲于一体的现代化茶业产业园，年生产加工能力达到 400 吨。其生产的“渠江薄片”，品质优良，多次斩获国内外大奖。该公司于 2014 年 8 月和 11 月代表湖南省参加了“从北京到乌兰巴托”中国茶文化艺术展和“2014 澳大利亚中华文化节”两次大型国际性文化交流活动，获得好评。在此基础上，新化县通过项目融资建设基础设施，打造“渠江源茶文化主题公园”和“姑娘河自然风光”的渠江源景区，通过举办茶文化节、茶博会、农博会等节庆平台，带动农特产品生产、加工、销售、服务等领域协调发展，将农特产品变成旅游商品，把田里种的、山上栽的变为老百姓手中的真金白银。

新化县积极利用当地特色，走一二三产业融合发展的道路，大力发展“六次产业”。究竟什么是“六次产业”？按行业分类，农林水产业属于第一产业，加工制造业则是第二产业，销售、服务等为第三产业。“1+2+3”等于 6，“1×2×3”也等于 6，这就是“第六产业”的内涵。举个例子，采茶季节，农民将采的茶

采茶场景

叶卖给商贩或者公司，每斤茶青不过一二十元，这是第一产业；如果通过加工，贴上品牌，价格则可以翻好几倍，这是第二产业；如果在采茶季，吸引游客来观赏和体验，顺便品尝农家菜，购买农产品，农民因此获利，这是第三产业。

事实上，2016 年中央一号文件明确提出，要把产业链、价值链等现代产业组织方式引入农业，促进一二三产业融合互动。国务院办公厅于 2016 年 1 月份发布《关于推进农村一二三产业融合发展的指导意见》，要求各部委联合推进农村一二三产业融合发展，以拓宽农民增收渠道。因此国家发展改革委、财政部和农业部等七部门联合实施农村产业融合"百县千乡万村"试点工程，支持每个省建设不超过 5 个试点示范县、50 个试点乡、500 个试点村，优先支持现代农业示范区、农业产业化基地、农产品加工示范基地、休闲农业与乡村旅游示范县，支持农村产业融合发展试点，重点支持能够让农民分享二三产业增值收益的经营主体，支持发展加工流通和直供直销，新型农业经营主体与农民构建利益联结机制，建设农村产业融合先导区，建设休闲农业等公共服务设施，开展产业扶贫等，力争用 5 年时间，创建 150 个农村产业融合先导区。

七、生产基地 + 中央厨房 + 餐饮门店——创新农业产销模式

Linlin's Farm 是由北京耘泽谷农业有限公司筹建的一个田园餐厅和生态农产品超市。在 Linlin's Farm 诞生之前，她的主人石晶经营着一家叫"耘泽谷"的生态农庄。这个农庄坐落于北京市最北端的喇叭沟门满族乡苗营村，占地 300 亩。农庄利用其北部山区优越的自然条件，建设生态立体循环种养殖基地，为北京市民提供生态农产品直销配送，并探索休闲农业的新模式，将服务和生态的概念注入传统农业，提升产品质量与附加值。

经过六年的探索和打磨，耘泽谷初步构建了以生态种养为主体的，覆盖生产、加工、会员宅配、餐饮、住宿、亲子体验等在内的产品及服务体系。2017 年，农庄年产绿色蔬菜 0.6 万千克、鲜食玉米 1.5 万千克，累计出栏耘泽野猪 5000 头，年产小尾寒羊与杜泊杂交肉质羊 200 头，年产芦花鸡、华北柴鸡、北京油鸡 1 万羽，宅配会员数量达到 3000 家。

农庄的创始人石晶赴澳大利亚、新西兰、日本等国考察学习，最终找到

了耘泽谷的发展之路：从生产转变为体验。如何突破地域的界限，拥有更多的终端消费体验人群？在考察了日本的农场后，石晶决定采取“前店后厂”的模式，在市区开设一家田园体验餐厅——Linlin’s Farm。Linlin’s Farm 取名于石晶的二女儿琳琳，寓意琳琳的伊甸园。Linlin’s Farm 从整体的店面设计到内部装修、空间布局等，都体现出浓郁的田园风格。

作为一家主打西式简餐的田园餐厅，美食当然是一道必不可少的风景。Linlin’s Farm 的主厨来自新加坡，每天会根据新鲜的食材“研制”出更新奇好吃的菜品。海鲜意面、纸船牛排、沙拉、三文鱼卷、Linlin 的卤肉饭、田园蘑菇森林……不断推陈出新的菜品，加上安全有机的食材，吸引了周边大量居民前来享用。

Linlin’s Farm 除了餐饮体验以外，还兼有农产品展示销售、亲子体验、会员转化和农庄消费入口的功能。餐厅设置了专门的展示柜台，用于展示销售耘泽谷农庄的生态农产品，并根据季节变化予以实时更新。这种方式增加了消费者对于食材品质的信任度，同时也扩大了农产品的销售半径，成为销售农庄产品的一个重要窗口。

餐厅还会不定期举办亲子体验活动，以增强用户黏度和体验度。在重大节日期间，还会举办一系列的主题节庆活动，如 2017 年的新年狂欢节，安排了魔术秀、乡村乐队现场演奏、画脸谱等活动，在跨年夜的前一天，餐厅座位就已经被预定一空，人气爆棚。餐厅注重对于会员的吸纳、转化。对于新来的顾客，用餐结束时服务员会向其推荐会员服务，会员充值满一定额度可享受优惠。会员可持卡在餐厅、线上平台以及生态农庄进行消费，同时农庄会员也可在餐厅消费，这种会员制的模式打通了前端、中端和后端，正在焕发出强大的生命力。

Linlin’s Farm 以其独树一帜的田园风格、一体化的运作模式、不断创新的菜品和服务，受到消费者的青睐，在京城树立了一面旗帜。目前，餐厅日均客流量为 300~400 人，周末有 600~700 人，而这还是在没有经过大规模推广的情况下做到的。纵观耘泽谷的业务板块，我们发现耘泽谷已经不再是一个单纯的生态农庄，而成长为一个覆盖“生产基地 + 电商平台 + 田园餐厅 + 生态农产品超市”的综合体。

家长带孩子在 Linlin’s Farm 农场体验园感受蔬菜生长的奇妙

“生产基地＋中央厨房＋餐饮门店”生产营销一体化模式，受到越来越多消费者的青睐，也给众多农业从业者带来了商机，特别是新农人。近年来，为推动农业供给侧改革、食品安全体系建设、将一二三产业融合后的利润链更多留给农业从业者。2017 年中央一号文件，提出实施主食加工业提升行动，积极推进传统主食工业化、规模化生产，大力发展方便食品、休闲食品、速冻食品、马铃薯主食产品；加强新食品原料、药食同源食品开发和应用。大力推广“生产基地＋中央厨房＋餐饮门店”“生产基地＋加工企业＋商超销售”等产销模式；加强现代生物和营养强化技术研究，挖掘开发具有保健功能的食品。

第三节　互联网时代下的农村发展新业态

一、农村电子商务——网货下乡，农货进城，便民又富民

2015 年 12 月 24 日，阿里研究中心发布的相关报告显示，临沂市临沭县青云镇白旄西居村荣获 2015 年度中国“淘宝村”称号。这是临沂市第一个“淘宝村”，有上千年柳编历史。

该村第一家淘宝店店主刘长龙之前在外做过一年多快递员，30 岁时萌生开店的念头，但举家反对。父母是普通的农民，家里有个弟弟，而他自己的孩子当时只有 3 岁，他是家里的“顶梁柱”，全家人都觉得在网上卖东西“忒不靠谱”。在他的坚持下，2010 年他的淘宝店还是开起来了。他顶着压力辞掉快递员的工作，又咬着牙赊账 2000 多元买了台电脑，在淘宝网注册了一家网店。他自学着拍了一些竹筐的照片挂到网上，标上价格就开始卖，头两个月一个订单都没有。到第三个月时，有了第一单，赚了 5 元钱，这是第一笔盈利。到了第四个月有了第二单、第三单……后来，刘长龙开始自学修图、店铺美化。从熟练运用客服用语，到关注浏览量、客单量、店铺排行等，再到和快递公司为了发货价格讨价还价，刘长龙就这样一路“摸着石头过河”。

2012 年，刘长龙的淘宝生意有了明显起色；2013 年，月营业额“破万”；2014 年下半年起，月销售额顺利“破十万”。村民们看在眼里，渐渐地人们的观念开始转变，“原来网上也能做买卖”，“不用出去打工也能赚钱”……这些成了村民们经常谈论的话题。一帮年轻人纷纷上门来找刘长龙“取经”，也陆续开起淘宝店。如今，白旄西居村的 860 户村民中，有接近 70% 的农户从事柳编行业，注册网店 170 家，电商年营业额超过 3000 万元，成为地方特产与电子商务结合的典范。

临沂淘宝村是中国农民在家通过淘宝创业的典型代表，目前全国淘宝村从 2009 年的 3 个发展到 2015 年的 780 个，覆盖活跃网店超过 20 万家。这些淘宝村广泛分布于 17 个省市区，其中，浙江、广东、江苏淘宝村数量位居全国前三位，圆了农民致富的梦想。

刘长龙家中编制好的一批竹篮

在“互联网+”浪潮的驱动下，阿里、京东、苏宁等电商大佬开始新一轮下乡“刷墙”，开发农村电商市场。面对农村的广大市场，阿里巴巴集团于2014年10月提出发展农村淘宝战略，推出千县万村计划，在5年内投资100亿元（每县1000万元）建立1000个县级服务中心和10万个村级服务站。项目以电子商务平台为基础，通过搭建县村两级服务网络，突破物流、信息流瓶颈，解决农村买难、卖难等问题，实现“网货下乡”和“农产品进城”的双向流通。截至2015年年底，农村淘宝站点突破1万个。

有关数据显示，2015年中国有6.2亿农村人口和2.7亿农民工，这些人是农村消费的主力军，市场估值10万亿，包括1.6万亿的农资市场、4万亿的农产品交易市场、5万亿的零售消费市场。2014年，农村电商规模已经达到1800亿，但农村仍然只有不到30%的人参与网购。

在政策层面，从中央到地方，一系列利好政策密集出台，鼓励资金、物

村民在淘宝服务站让工作人员帮助网上下单

流更接地气，让老百姓享受到物美价廉的商品，让农产品卖出好价钱。2015年5月，国务院办公厅发布了《关于促进农村电子商务加快发展的指导意见》。同年9月下旬，农业部、国家发改委、商务部联合发布《推进农业电子商务发展行动计划》，从五个方面提出20项推进农业电子商务的专项行动。国务院扶贫办也加快了电商扶贫的试点进程，共青团中央与商务部共同推进实施青年电商培育工程，供销总社的全国性涉农电商平台也于9月底上线试运行。2016年，中央一号文件再次提出发展农村电商，线上线下融合，工业品进村和农产品进城的双向流通格局，鼓励大型电商平台企业开展农村电商服务，深入开展电子商务进农村综合示范；加快实现行政村宽带全覆盖，创新电信普遍服务补偿机制，推进农村互联网提速降费。

二、“快递下乡”工程——把产品送到农民家门口

重庆市三汇镇先锋村吴小康和汪秀芳夫妇，前些年一直在外打工。2012年夫妻俩投资10万元购进一辆载重5吨的小货车，办了个小型货运站。由于迷上网购的人越来越多，可是几家快递公司基于成本考量，都不愿意开展下乡送件业务。乡下人网购后要取货，有的骑摩托奔波50多千米进城，有的花半天时间坐客车，还有的则托亲友到快递公司取件，再辗转托人捎带回来。

吴小康夫妻俩的货车基本上天天在县城和三汇镇之间跑，发现了商机后，在确保盈利的前提下，和快递公司谈合作，一举拿下顺丰、申通、圆通、韵达4家快递公司的快件终端投递业务，做起4家公司共同的“快递员”，按物件拿提成。每天上午，他们的车运载农产品进县城；下午，从县城运载货物、快件回到三汇镇；晚上，他们将快件送到村民手中。大到洗衣机、冰箱、彩电，小到皮带、锅铲、玩具，村民网购的货品五花八门。如今他们平均每天约送20个快件，一个月下来就是600件，收入2400元左右。加上货运站这一块，吴小康的夫妻店开业以来“营收”已突破10万元，利润4万多元。

像吴小康夫妇这样实现物流公司“快递下乡”的现象越来越普遍，既给快递公司带来了便利，也服务了百姓，同时创造了就业机会，可谓一举三得。

将子女在网上给父母买的冰箱送到村民家里

申通、圆通、顺丰等快递公司为了抢占农村物流市场，纷纷探索低成本且有效的“快递下乡”方式，因地制宜，合作方式多样，如找农村客运司机合作、农村商店作代理点、乡镇货运代理等。

首次提出“快递下乡”是在2014年1月的全国邮政管理工作会议上。这一方面是因为农村快递市场有着巨大的需求和潜力，另一方面是因为快递企业又坦言开拓农村市场成本过高。在该项政策提出后的两年中，国家邮政局快递网点在农村的覆盖率从不到50%提高到超过70%，鼓励政策在其中起到重要的作用。2016年，中央一号文件提出了“快递下乡”工程，这对行业而言是重大利好，意味着“快递下乡”在国家政策的支持下，将会出现较快的增长。政府将联合各大物流公司一起解决农村物流成本过高的问题，为老百姓方便网购助力。

三、智慧农业——互联网+现代农业

黑龙江绥化市庆安县瑞丰农业服务有限公司利用“互联网+”串起农业现代化的产业链条，将新一代信息技术深度渗透到农产品种植生产、加工销售、合作社综合信息服务等各个业务领域。其研发的系统，产前应用绿色有机规程规范制订水稻生产流程，科学合理地安排生产计划；产中运用视频监控、大田气象监测、棚室传感器监测等物联网技术，智能监控催芽、育秧、大田生长等关键生产环节的实际生产情况，并通过电子围栏、粮情监测等手段，智能化管理粮食仓储；产后信息化监控生产加工情况、销售信息、物流信息。该系统可全面、全链条跟踪记录水稻生产过程中的信息，在保障自然产量的基础上强化质量，可努力打造“阳光化、透明化”水稻基地，打造集标准化生产、物联网精准监控、全程可追溯于一体的高端稻米品牌。

“互联网+”现代农业是以互联网和现代科学技术为主要特征的农业生产模式，微电子和软件在农业领域广泛应用，在农资流通、育种育苗、植物栽种管理、土壤及环境管理、农业技术服务等多个方面实施程序化和互联网的参与。它结合一体化思路，采用互联网、大数据、云计算、数字地球、物联网等现代科技，整合政府监管、第三方认证机构、农资、金融、保险、物流等社会服务资源，全面贯通农业产业各环节，实现农业产供销一体化经营。

田间检测系统，数据直接传输到网络终端

2016年1月19日，农业部农业信息化领导小组召开会议，贯彻落实中央农村工作会议和全国农业工作会议有关推进农业信息化的决策部署，会议原则通过了《全球农业数据调查分析系统实施办法》《"互联网+"现代农业三年行动实施方案》。农业部、发改委、中央网信办、科技部、商务部、质检总局、食品药品监管总局、林业局八部门于2016年5月13日联合印发《"互联网+"现代农业三年行动实施方案》。该方案提出，到2018年，农业在线化、数据化取得明显进展，管理高效化和服务便捷化基本实现，生产智能化和经营网络化迈上新台阶，城乡"数字鸿沟"进一步缩小，大众创业、万众创新的良好局面基本形成，农业现代化水平明显提升。

民生篇

民生有保障，农民更幸福

导 读

“三农”工作历来是党和政府工作的重中之重，民生问题直接关系老百姓切身利益。每年的“两会”（指“中华人民共和国全国人民代表大会”和“中国人民政治协商会议”），媒体都会公布当年老百姓最关注的几大民生问题。解决农民的民生问题，关系到农村社会的长治久安，关系到农民的幸福生活，是党和政府“情系三农，心系民生”的生动体现。

改革开放以来，中国政府一直致力于解决贫困农民的温饱问题。《2000年中国人权事业的进展》白皮书认为，中国贫困人口温饱问题的基本解决、生活质量大幅提高，与世界绝对贫困人口持续增加的情况形成了鲜明的对照。秦巴山区、武陵山区等贫困地区以及贫困县先后经历了区域扶贫、整村推进战略，直到现今推行精准扶贫。

医疗是关乎老百姓切身利益的另一个重大民生问题。20世纪60年代，培养赤脚医生，实现村村有卫生室，建立了农村医疗卫生体系；20世纪70年代，实行农村合作医疗，基本做到小病不出村，大病上医院；20世纪八九十年代，随着大集体解体，村诊所由私人承包，医疗逐步市场化，看病难、看病贵的问题越来越严重，医患关系越来越紧张；新世纪，新型农村合作医疗制度从2003年起在全国部分县（市）试点，到2010年逐步实现基本覆盖全国，缓解了农村居民看病难、看病贵的问题。

随着农村子女外出打工，村里的老人养老问题开始显现出来。建立农村养老保障体系提上了农村民生工作的重要日程。2009年开始在全国实行农村养老保险制度。农村养老保障实现了从无到有的转变，农民也开始认识到养老保险制度的重要性。

农村义务教育直接关系到农村家庭下一代的成长。改革开放以来，政府鼓励农村办校，几乎村村有小学。1986 年中国通过了《义务教育法》，实行了九年义务教育，2006 年农村义务教育实现全免费，进而于 2008 年秋实现城市义务教育全免费。然而，城乡教育差距依然明显，国家大力支持乡村小学建设、乡村教师队伍建设、学生营养餐计划，努力缩小城乡教育差距。

总之，民生直接关系老百姓的切身利益，是关系社会主义现代化建设全局的重大社会问题。老百姓生活好了，政府才能获得长久的人心。急民之所急，忧民之所忧，党和政府一直高度重视解决民生问题。每一个发展阶段，国家都在努力探索适应中国发展阶段的民生发展模式。扶助贫困人口、建立合作医疗、建立农村养老保障、发展乡村教育等，都是重大的民生问题，并且每一个问题的解决都非一朝一夕的事，也非轻易之举，但是每一个问题解决模式探索的背后都凝结着党和政府对人民的深切关怀之情。

第一节　扶贫在路上

扶贫是为帮助贫困地区和贫困户开发经济、发展生产、摆脱贫困的一种社会工作，旨在扶助贫困户或贫困地区发展生产，改变穷困面貌。自 20 世纪 80 年代起，国家开始对贫困地区实行经济开发，即通过区域性开发，确定贫困县，以项目制为中心，进行基础设施建设，引进技术人才，帮助贫困地区发挥当地资源优势，实现自我发展，从根本上摆脱贫困。2000 年，国家颁布《中国农村扶贫开发纲要（2001—2010 年）》，提出在区域开发基础上实行“整村推进”战略，促进扶贫资金进村入户。2014 年 1 月，中央制定了“精准扶贫”工作模式的顶层设计，推动“精准扶贫”思想落地，力争将扶贫资金、资源精准到户，精准到人。

一、区域开发——区域发展带动扶贫开发，扶贫开发促进区域发展

2013 年 2 月 26 日，宁夏回族自治区灵武市泾灵移民村村民在村里一家羊绒制品加工企业学习纺织技术，等他们学会技术后，就可以进纺织厂工作，

一个月不算加班费，可以拿1000多元。这一天，有记者来访，他们告诉来访记者：“现在在家门口上班，环境好，离家近，下班可以照顾到老人和孩子，比在山里生活好多了。”

宁夏自2010年年底启动中南部生态移民工程以来，目前已有12.1万人搬出大山，在移民区开始新的生活。移民迁入后，当地政府大力发展各类产业，推动移民就业创业，通过建设养殖园区、设施农业园区及工业园区，解决移民就业、发展问题，让移民能“搬得出、稳得住、能致富”，逐步在新家园走上小康道路。

六盘山集中连片特困地区是我国14个集中连片特困地区之一，覆盖宁夏、甘肃、陕西和青海61个县（区）。宁夏中南部生态移民是六盘山生态移民的重要组成部分。仅宁夏地区，自20世纪80年代以来，先后实施吊庄移民、扶贫扬黄灌溉工程移民、易地扶贫搬迁移民、干旱地区县内移民等达到60多万人，加上“十二五”规划的35万移民，共近百万人大移民。生态移民搬迁是六盘山区开发式扶贫的方式之一，彻底将难以发展的地区的人民搬出贫困区，消除贫困。另外的开发方式是在可以开发的地区，扶持当地经济的发展，使其摆脱贫困。

宁夏灵武市农民在移民村里的一家纺织厂学习纺织技术

2000年，国家批准在此设立六盘山旅游扶贫试验区。位于六盘山脚下的宁夏回族自治区固原市泾源县逐渐改变上山伐木、毁林造田的生产方式，避免陷入“越穷越垦、越垦越穷”的怪圈。有了国家的资金和人力支持，泾源县通过退耕还林、植树造林，新增林区面积50多万亩，当地群众也开始感受到靠山吃山不如旅游富山，大家更加珍惜周边的自然和人文历史环境。经过十多年开发，宁夏六盘山旅游品牌已初步形成，其重要旅游区域包括以六盘山红军长征纪念馆为重点的红色旅游区、以六盘山国家森林公园为重点的生态观光和休闲度假旅游区、以火石寨国家地质公园为重点的地质观光旅游区、以须弥山石窟为重点的丝绸之路文化旅游区。旅游扶贫效应不断显现：2013年，固原市接待游客量219.8万人次，实现旅游收入8.89亿元。目前，当地已有2万多农户通过发展农家乐、果蔬采摘、手工艺品和土特产销售等方式参与旅游产业发展。六盘山森林公园脚下的泾源县冶家村三分之一的农户都发展起农家乐，多数农家乐年收入超过10万元。

迄今为止，六盘山区是国家区域开发扶贫的11个重点区域之一，另外10

游客在泾源县冶家村的一户农家乐休息

个重点区域重点区域分别为秦巴山区、武陵山区、乌蒙山区、滇桂黔石漠化区、滇西边境山区、大兴安岭南麓山区、燕山—太行山区、吕梁山区、大别山区和罗霄山区，另有西藏、四省藏区、新疆南疆也是扶贫开发的主战场。为了推进区域开发扶贫，各地探索出多种开发扶贫方式：产业扶贫、转移劳动力扶贫、旅游扶贫、移民扶贫、对口帮扶等。

二、整村推进——让贫弱山村换新颜

河南省社旗县郝寨镇年庄村有550多户2067口人，6个自然村分为8个村民小组。2012年，年庄村被社旗县确定为“整村推进”扶贫村。整村推进，就是统筹安排各种扶贫措施，整合各个部门资源和社会力量帮扶贫困村脱贫致富，实现“六到一增”。“六到”就是水、电、路、气、房、环境改善到农家，“增”就是农民增收。

扶贫工作队组建后，首先帮助争取项目资金为年庄村修建了3.5千米道路，彻底解决了村民出行难题，接着帮助村民解决了饮水、电网、危旧房改造等问题。

基础设施改善后，扶贫工作队开始想办法发展产业。当地村民李富文开办了一家专门加工绢花的工艺品公司。扶贫工作队分析认为，绢花加工是劳动密集型产业，应大力发展。工作队就反复鼓励李富文发展壮大产业规模，并帮助他的公司贷款260万元购买新设备、建设新厂区。现在年庄村拥有绢花组装点10多个，年产值从2012年的几十万元增加到2014年的1500万元，带动附近村民近千人就业。在厂里按时上班的机器操作工平均月薪2000元左右，其他工人组装一朵花，按件计酬，0.45元/朵，一个月下来能挣1600多元。钱虽不多，但关键是不耽误大家照顾老人、接送孩子上学。村里的小孩都在年庄小学读书。2013年扶贫工作队筹资84万元对年庄小学进行全面改造升级，帮助学校扩建了20间教室，硬化了操场，翻修了围墙，还建设了多媒体教室，在校生从原来的150多人增加到了现在的260多人。

像年庄村这样的扶贫开发重点村，社旗县共有85个，贫困人口8.1万人。2014年年底，社旗县的贫困人口降到6.69万，18个村初步完成了“整村推进”扶贫任务，并已做出规划，力争到2019年全县85个贫困村全部脱贫。河南

社旗县郝寨镇的绢花受到消费者认可

省这几年在推进整村扶贫工程中成绩显著，据河南省扶贫办数据显示，2011年至2014年，河南省共完成4291个村的“整村推进”扶贫任务，共计投入各类资金98亿元，村均投入230万元。2015年，河南省又完成1210个贫困村的整村推进扶贫开发。

自2001年国家开始实施“整村推进”扶贫战略以来，各省根据中央扶贫资金再按比配套省财政扶贫资金，以参与式整村推进扶贫为核心，进行扶贫。《中国农村扶贫开发纲要（2001—2010年）》实施评估结果显示，“整村推进扶贫战略”的实施改变了过去以贫困县为对象的扶贫模式，短期内使贫困村农户的生产和生活条件得以迅速改善。总体来看，整村推进村的农户收入增长速度要高于贫困县，更要高于全国平均的收入增长速度。贫困村在生产性基础设施和社会服务设施方面的改善也同样显著，改善速度大大高于贫困县的平均变化速度。

三、精准扶贫——精准到户，精准到人

近年来，拥有“地球绿宝石”美誉的贵州省黔南州荔波县，通过大力发展全域旅游，帮助群众脱贫致富，为精准扶贫找到了一条新路。过去的瑶山乡许多村庄地处深山，人均耕地面积不足 0.3 亩，“一方山水养不活一方人”。深山里的瑶族人只能靠种植玉米、红薯维持生计，贫困发生率在 50% 以上。

自 2013 年以来，当地政府开始对山里的村庄进行全面易地搬迁，集中安置。截至 2017 年 6 月，共建了 4 期搬迁房，已有 2000 多名群众搬了出来，形成别具特色的瑶族村寨。为了解决搬迁村民收入来源问题，瑶族村寨引入了民间资本，实现公司化运作，在公司的带领下充分利用当地的古村落和原始自然风光，发展旅游业。实际上，在发展旅游业之前，政府已有长远规划，专门对搬迁房进行了规划性设计，第一层可以做餐饮，第二、三层可供住宿，以方便有技术、有能力的群众开设农家乐。

旅游业给当地村民带来了大量就业机会，他们除参加公司的表演队外，还可以当主持人、解说员、导游，经销旅游纪念品等。比如，瑶族歌舞表演队员在表演之余，妇女可做民族服装来卖，男人可做陀螺来卖，老人也可制作、

荔波县搬迁居民的新聚居区

荔波县的自然风光

销售一些商品，收入比在山区时高很多。

荔波县的景点包括大小七孔景区、茂兰国家级自然保护区等自然风光，以及邓恩铭故居、红七军会师旧址等红色旅游景点，瑶山拉片特色村寨、者吕布依族村寨、拉桥水族村寨等少数民族文化村寨。

荔波县的旅游扶贫模式成为贵州乃至全国精准扶贫贵州的一大经验。另外，产业扶贫也是近几年贵州精准扶贫工作的重要探索经验，特别是光伏产业与扶贫结合的道路。2015 年 3 月 31 日，贵州省首家光伏发电扶贫项目落户盘县滑石镇岩脚村，率先受益的农户奔走相告，激动之情溢于言表："用电不但不花钱，而且能赚钱，这种扶贫方式要得，我们脱贫有望了！"

光伏发的电被村民们称为能赚钱的电。该项目是从江苏省南京市招商来的光伏分布式发电扶贫项目。光伏并网发电系统采用分布式并网设计，把光能转化成电能，通过并网逆变器接入 220 伏单相交流电网，实现并网发电。

技术人员正在给农户安装光伏板

贵州的光伏发电扶贫项目

根据国务院出台的《关于促进光伏产业健康发展的若干意见》，每发出 1 度电将获得国家补助 0.42 元，农户用剩的电量自动上网，每度电可获得收购电价 0.38 元。

这个扶贫项目由盘县投入 768.85 万元，其中财政扶贫资金 200 万元，整合部门资金 568.85 万元，在滑石镇岩脚村老鸭塘组试点实施，扶持农户 102 户 325 人，其中贫困户 18 户 43 人。建设的 77 套民用光伏分布式发电系统，每栋安装光伏发电 3 千瓦供农户使用，村活动室也安装了一套 18 千瓦的，产出的效益归村集体。每栋民居每年发电 4500 度，按农户每天用电量 4 度计算，每户可增加年收入 3700 元，村级集体可增加年收入 21000 元。

作为贵州省首个光伏分布式发电试点扶贫项目，当地政府采取“政府引导、乡村实施、农户参与”的方式，探索出“造血式扶贫”的模式，改变了过去“输血式扶贫”的思路，为精准扶贫积累了宝贵经验。

贵州省的精准扶贫是国家大力实行精准扶贫战略的生动体现。自 2014 年以来，贵州扶贫攻坚成就突出。2017 年 1 月 17 日，贵州省第十二届人民代表大会第五次会议，省长孙志刚作政府工作报告时指出，贵州强力推进大扶贫、大数据两大战略行动，2016 年脱贫攻坚首战告捷，减少贫困人口 120.8 万人，在全国率先打响易地搬迁扶贫第一炮，对 45.8 万农村人口实施搬迁。2017 年，贵州预计减少农村贫困人口 100 万人以上，实现 20 个贫困县、90 个贫困乡镇摘帽，2300 个贫困村退出。

“精准扶贫”重要思想是 2013 年 11 月习近平总书记到湖南湘西考察时首次提出的。2014 年，中央正式提出“精准扶贫”顶层设计。国家制定的“十三五规划（2016—2020 年）”提出，精准扶贫是实施扶贫开发工作的重中之重，确保贫困人口到 2020 年如期脱贫。“精准扶贫”是指针对不同贫困区域环境、不同贫困农户状况，运用科学有效程序对扶贫对象实施精确识别、精确帮扶、精确管理的治贫方式。一般来说，精准扶贫主要是就贫困居民而言的，谁贫困就扶持谁。

据国家统计局统计，截至 2014 年年底，中国仍有现行标准下的贫困人口 7017 万人。2015 年 11 月 29 日，中共中央政治局审议通过《关于打赢脱贫攻坚战的决定》，提出到 2020 年通过产业扶持、转移就业、易地搬迁、教育支持、医疗救助等措施解决5000万左右贫困人口脱贫，完全或部分丧失劳动能力的2000多万人口全部纳入农村低保制度覆盖范围，实行社保政策兜底脱贫，最终实现7000万人完全脱贫。

改革开放以来，中国政府实施大规模扶贫开发，使7亿农村贫困人口摆脱贫困，取得了举世瞩目的伟大成就，谱写了人类反贫困历史上的辉煌篇章。1986年，国务院贫困地区经济开发领导小组（后来于1993年改设“国务院扶贫开发领导小组办公室”）成立，中国式扶贫——“有组织、有计划、大规模的农村扶贫开发活动”拉开序幕。30年间，中国的扶贫方式经历了从救济、开发式扶贫到设置贫困县，再到“整村推进”，再到“精准扶贫”的演进。国家的贫困标准也在不断提高，从1986年的200元提高到2016年的3000元左右。

2017年2月21日，中共中央政治局为巩固脱贫攻坚形势和更好实施精准扶贫，进行了第三十九次集体学习，习近平在主持学习时发表了讲话。他强调，党的十八大以来，党中央对脱贫攻坚作出新的部署，吹响了打赢脱贫攻坚战的进军号，脱贫攻坚取得显著成绩。2013年至2016年4年间，每年农村贫困人口减少都超过1000万人，累计脱贫5564万人；贫困发生率从2012年年底的10.2%下降到2016年年底的4.5%，下降5.7个百分点；贫困地区农村居民收入增幅高于全国平均水平，贫困群众生活水平明显提高，贫困地区面貌明显改善。习总书记专门指出，要加强贫困村两委建设，选好配强村两委班子，培养农村致富带头人，促进乡村本土人才回流，打造一支“不走的扶贫工作队”；要充实一线扶贫工作队伍，发挥贫困村第一书记和驻村工作队作用，在实战中培养锻炼干部，打造一支能征善战的干部队伍；要把握好脱贫攻坚正确方向，要防止层层加码，要量力而行、真实可靠、保证质量，防止形式主义，扶真贫、真扶贫，扶贫工作必须务实，脱贫过程必须扎实，脱贫结果必须真实，让脱贫成效真正获得群众认可，让国家的扶贫战略经得起历史的检验。

据中国扶贫办公布数据显示，从2000年到2014年，中央累计投入专项扶贫资金2966亿元，年均增长11.6%。2015年，中央财政投入专项扶贫资金460.90亿元。2016年，中央和省级财政专项扶贫资金投入首次超过1000

亿元。2017 年，中央和地方财政专项扶贫资金规模超过 1400 亿元。

中国政府先后制定并实施了《中国农村扶贫开发纲要（2001—2010 年）》和《中国农村扶贫开发纲要（2011—2020 年）》，大幅度提高国家扶贫标准。此外，世界银行、亚洲开发银行、联合国开发计划署等也在中国实施了扶贫项目，加快了中国扶贫开发进程。“精准扶贫”战略实施期间，中国 7000 万贫困人口看到了希望，将迎来脱贫的机会。当然，2020 年以后，7000 万人脱贫后，并不意味着中国没有了贫困，国家可能会提高贫困标准，在新的标准下解决贫困问题，中国将进入新一轮的更高水平的扶贫，同时中国这种举全国之力的精准扶贫模式也为世界扶贫工作的开展提供了历史性的宝贵经验。

第二节　乡村教育与医疗

当前中国农村孩子的九年义务教育多在乡镇及村庄完成，小学与初中的基础教育关系农村孩子的未来，升大学仍是农村的孩子从底层向上层晋升的一条重要渠道，“知识改变命运”是大部分农村孩子的选择。

发展农村教育，办好农村学校，缩小城乡差距，直接关系 8 亿多农民的切身利益，国家从政策、资金、人才、技术方面进行了大量支持和投入，争取做好农村基础教育。这些年的投入已取得重要成果，特别是九年义务教育学杂费减免、乡村小学改造、乡村教师支持计划等，让农村的孩子获得了更好的受教育条件。

一、免费九年义务教育——自古读书需缴费，而今上学不花钞

“新学期到学校，两免一补真正好。爸爸妈妈开怀笑，同学乐得呱呱叫……”2008 年春季学期一开学，像这样的新童谣在甘肃省临泽县城乡校园里广为传诵。从这一年起，该县义务教育阶段所有学生全部享受到了免除书费的好政策，实现了真正意义上的义务教育。

临泽县城关小学四年级（5）班的申国鹏先天残疾，他的父母是城郊农民，

没有固定收入，一直在县城靠卖菜为生。申国鹏的父母既要给孩子看病，又要交学费，前些年没少为钱的事儿闹心，如今儿子几乎不用交钱就可以上学。夫妻俩逢人便夸这项好政策：“党的政策越来越好了，义务教育真的一分钱都不收了！”

像申国鹏这样享受到免费九年义务教育的不仅仅是他一个，不是因为残疾才免费，而是从2007年秋季学期起，临泽县实行免费九年义务教育，所有学生在不交学杂费的同时，全部免收教科书书款，寄宿生生活补助范围也将进一步扩大。春季学期该县初中学生入学率达99.6%，小学入学率为100%。

什么是免费九年义务教育呢？主要指免收学费，杂费各地减免程度不一样。1986年中国通过《义务教育法》，要求必须完成小学初中九年义务教育。从2006年开始，全部免除西部地区农村义务教育阶段学生学杂费，2007年扩大到中部和东部地区；对贫困家庭学生免费提供教科书并补助寄宿生生活费。这一惠及百姓的举措实施后，全国农村中小学每年可免交学杂费达150亿元，分摊到每名中小学生身上，分别为180元和140元。

临泽县的农村小孩正在课堂上认真学习

与此同时，国家为更好地推动农村免费义务教育，自 2006 年起，国务院出台政策对农村学生实行“两免一补”（免去学杂费，免费提供教科书，对家庭经济困难的寄宿生补助生活费），出台农村学校公用经费基准定额，建立健全农村学校校舍安全和维修改造长效机制，巩固完善农村教师工资保障机制，所需经费由中央和地方分担。2015 年 12 月，国务院出台《关于进一步完善城乡义务教育经费保障机制的通知》，决定从 2016 年起进一步完善城乡义务教育经费保障机制。

二、乡村小学建设——让孩子有个良好的教育环境

2013 年 10 月 31 日，安徽省黄山市黄山区汤口镇山岔村小学内一片欢声笑语，热闹非凡，学生们正在举办第五届趣味运动会。塑胶操场上加油助威声、欢呼声交织成一片，一派欢乐热闹的场面。正是在这种活动氛围中，孩子们感受到了快乐，既锻炼了身体，又培养了坚强勇敢的品质，还促进了情感交流。

塑胶操场是山岔村 2013 年美好乡村建设幼儿园项目中的一项。在黄山区教育局支持下，山岔村结合美好乡村建设，总投资 60 余万元，将小学、幼儿园全面升级改造，主要包括塑胶操场建造、室内地面软化、多功能科学实验室建设，电脑、课桌椅等设备的更新配置。乡村小学的建设和改造，使孩子们有了更加优越、舒适的学习环境，让农村孩子得以共享优质教育资源，让孩子们更加幸福快乐健康地成长。

乡村小学建设和改造是缩小城乡教育资源差距的重要任务之一。“十三五规划”提出，全国和地方政府将共同努力改善乡村学校教学及辅助用房、学生宿舍、食堂、厕所、锅炉房、浴室、运动场地等教学和生活设施，逐步实现未达标城乡义务教育学校的校舍、场所标准化；提高农村义务教育质量，推动义务教育均衡发展，进一步促进教育公平。比如，2016 年 5 月，国家发改委发文，中央预算内投资 2.9 亿元，用于支持湖北省新县兴国镇宝塔学校等 127 所义务教育学校的教学和生活设施建设，校舍总建筑面积 250639 平方米，运动场地总建设面积 215471 平方米。

黄山市黄山区砀口镇山岔村小学下课后，学生在塑胶运动场上进行体育活动

三、乡村教师支持计划——支持的是老师，改变的是孩子

1986年，为了圆教师梦，年轻的宋志芳来到四川省宜宾市屏山县寸腰小学当代课教师。这一来，她便在山区坚守了30年。这些年，走出去的学生一茬又一茬，她却始终坚守。她说：“我要在这里教书一辈子……”

2005年7月，宋志芳通过教师公开招聘考试，成为了一名正式的人民教师。机会摆在了宋志芳的面前，是选择到条件优越的学校工作，还是留在山高坡陡的寸腰？没有太多思考，宋志芳回到了寸腰小学，还挑起了负责人的重担。此后10年中，寸腰小学的教学成绩从最末名次上升到全镇前三名，宋志芳所教学的年级和科目，几乎都是全镇第一名。寸腰村长大的娃娃们，大都是宋志芳的学生。30年来，宋志芳所教的学生有700多人。他们中有的当上了教师、公务员和医生，也有的在外经商，小有成就。

乡村教师是孩子们获得知识的重要引导者。为了拓展乡村教师补充渠道，

宜宾市屏山县寸腰小学的学生正在上课

提升乡村教师整体水平，2015年国务院办公厅颁布《乡村教师支持计划（2015—2020年）》。这预示着我国330万乡村教师的工资待遇将有明显提高，生活待遇将获得较大改善，力争使乡村学校优质教师来源得到多渠道扩充，乡村教师资源配置得到改善，教育教学能力水平稳步提升，各方面合理待遇依法得到较好保障，职业吸引力明显增强，逐步形成“下得去、留得住、教得好”的局面。到2020年，努力造就一支素质优良、甘于奉献、扎根乡村的教师队伍，为基本实现教育现代化提供坚强有力的师资保障。

四、全面改善贫困地区义务教育办学条件——提升办学质量，成就孩子的未来

截至2014年9月，新疆维吾尔自治区全面改善贫困地区义务教育薄弱学校基本办学条件（简称“全面改薄”）工程投入资金达39.75亿元。2014年至2018年，新疆共规划投入建设资金201.4亿元，以改善农村义务教育阶段

学校的基础设施和办学条件。争取经过 3~5 年的努力，使新疆农村义务教育学校教室、桌椅、图书、实验仪器、运动场等教学设施满足基本教学需要；学校宿舍、床位、厕所、食堂、饮水等生活设施满足基本生活需要；留守儿童学习和寄宿需要得到基本满足；村小学和教学点的办学经费、设施设备、师资配备满足教学、生活基本需求；县镇超大班额现象基本消除，逐步做到小学班额不超过 45 人、初中班额不超过 50 人；教师配置趋于合理，数量、素质和结构基本适应教育教学需要；县域内在校生年辍学率，小学、初中分别控制在 0.6% 以下和 1.8% 以下。

“全面改薄”是国家支持贫困地区义务教育发展、保障教育公平而作出的重大决策，是新一届中央政府履职以来在教育领域实施的第一个重大民生工程。2013 年教育部、国家发改委、财政部联合发布《关于全面改善贫困地区义务教育薄弱学校基本办学条件的意见》，提出保障基本教学条件、改善学校生活设施、办好必要的教学点、妥善解决县镇学校大班额问题、推进农村学校教育信息化、提高教师队伍素质等要求。2014 年、2015 年，国家分别投入 300 亿、500 亿用于改善贫困地区的办学条件。切实按照勤俭办学和“缺

新疆贫困地区的学生正在学校开设的英语课上学单词

什么补什么”的原则，在原有保障经费基础上适当扩充调整，提升教师队伍建设、信息化建设和农村小学必要的运动场、学生宿舍、食堂、饮水设施、厕所、澡堂等教学和生活设施建设。

总之，农村义务教育一直是“三农”工作的重点，“十年树木，百年树人”，农村孩子的基础教育直接关系他们未来的发展和国家的希望。2006 年以来，义务教育投入大幅增长，全国一般公共预算义务教育投入由 2005 年的 2432 亿元增加到 2014 年的 11993 亿元，年均增长 19.4%。农村学校办学条件明显改善，农村教师队伍建设得到加强，城乡免费义务教育全面实现，农民教育负担大幅减轻，极大地促进了教育公平。

五、农村合作医疗——农民看病不再难、不再贵

农村合作医疗保险是由中国农民（农业户口）自己创造的互助共济的医疗保障制度，在保障农民获得基本卫生服务、缓解农民因病致贫和因病返贫方面发挥了重要的作用。自 2003 年开展试点以来，中国的新农村合作医疗硬件和软件建设都取得极大进展。截至目前，99% 以上的农民已参加农村合作医疗，每个行政村的卫生室建设都有了极大改善，农民看病难、看病贵的问题大大缓解，特别是得大病的农民因为有了合作医疗，负担大大减轻。

2012 年 5 月，四川省内江市市中区白马镇司马桥一组的蓝宁被确诊患上食道癌。6 月，蓝宁在内江市第二人民医院进行手术，花费 4 万元。同年 10 月，蓝宁再次住进该院，两次化疗花费近万元。出院时，蓝宁拿着新农村合作医疗证去报销，第一次住院的花费报销了 30%，第二次住院的花费报销了 70%。原来从 2012 年 10 月 1 日开始，市中区率先在全市扩大重大疾病保障范围，将肺癌、食道癌、胃癌、直肠癌等 14 类疾病一并纳入新农合住院重大疾病保障范围，加上之前的白血病、先心病、终末期肾病、乳腺癌、宫颈癌、重性精神病 6 类疾病，共 20 类疾病纳入新农合住院重大疾病保障范围，按其医疗费用的 70% 进行补偿。累计个人补偿金封顶线也从 8 万元调整为 10 万元。这给得大病的农民减轻了巨大的负担。经过计算，蓝宁总共可报销近 2 万元，大大减轻了看病的负担。

四川省内江市的农民看病贵、看病难问题的大大减轻，得益于国家实施

的新型农村合作医疗制度（以下简称“新农合”）。新农合是指由政府组织、引导、支持，农民自愿参加，个人、集体和政府多方筹资，以大病统筹为主的农民医疗互助共济制度。采取个人缴费、集体扶持和政府资助的方式筹集资金。该制度自 2003 年起在全国部分县（市）试点，2004 年 12 月全国有 310 个试点县，有 1945 万户 6899 万人参合，占试点县农民总数的 72.6%，2010 年，逐步实现基本覆盖全国农村居民。从 2003 年起，中央财政加地方财政对参加新型合作医疗的农民的补助每年不低于人均 20 元，到 2011 年增加为人均 200 元，2014 年达到人均 320 元。《2014 年我国卫生和计划生育事业发展统计公报》显示，截至 2014 年年底，全国参加新型农村合作医疗的人数达 7.36 亿人，参合率为 98.9%。2014 年度新农合筹资总额达 3025.3 亿元，人均筹资 410.9 元。全国新农合基金支出 2890.4 亿元。

2016 年，国家发布《国务院关于整合城乡居民基本医疗保险制度的意见》，要求加快推进城乡居民基本医疗保险制度整合工作。各级财政对新农合的人均补助标准达到 420 元。农民个人缴费标准从 2003 年的每人每年 30

内江市参加新农合的农民在报销住院费

元也增加到每人每年 150 元左右。为巩固提高新农合保障水平，将政策范围内门诊和住院费用报销比例分别稳定在 50% 和 75% 左右，并严格控制目录外费用占比，缩小政策报销比和实际报销比之间的差距。同时加快推进新农合信息平台全国联网，在 2016 年基本解决省内异地就医直接结算的基础上，努力用两年时间推进新农合转诊住院患者跨省定点就医结报。

六、村卫生室建设——小病不离村，大病去医院

“有了这个卫生室，对于我这个怕过冬天的老病号来说，简直太方便了！”代廷芳的家离卫生室不到 1 千米，每天 8 点多钟过来，输两个小时的液，再走回家去，正好煮午饭吃。代廷芳输了 3 天液，共花了 300 元钱。如果到镇医院去治疗，不仅来去有 20 千米，交通十分不便，而且加上车费、伙食费，开支比在卫生室大很多。

代廷芳之所以能享受到方便省钱的治疗，缘于重庆市民生实事项目——“撤并村”卫生室建设的实施。行政村卫生室和“撤并村”卫生室是为广大农村居民提供方便、快捷、低廉的基本医疗服务和基本公共卫生服务的重要保障。为确保边远农村群众能更方便地看病，从 2013 年起，重庆市连续 3 年将“撤并村”卫生室建设任务纳入市委、市政府民生实事，共投入 6515 万元建设“撤并村”卫生室 2606 个。

此外，为稳定村医队伍，重庆市丰都县建立了政府购买村级卫生服务的新机制，县财政为全县 889 名村医落实专项补助每人每月 400 元；药品零差率按行政村户籍人口补助，经考核后分配给乡村医生；公共卫生补助按常住人口人均 40 元服务总额的 40% 用于村级基本公共卫生服务；一般诊疗补助每人次 4 元。丰都县还督促乡村医生严格执行医疗核心制度，做到“看病有登记、用药有处方、收费有依据、访视有记录、转诊有记载”，实行统一业务培训、统一工作规范、统一药品采购、统一人员调配、统一绩效考核，确保完成基本任务的村医每月收入在 1000 元以上，较好地调动起乡村医生的积极性。

重庆市的村卫生室建设给全国做了榜样。加强村卫生室建设，不仅是缓解群众看病难、看病贵问题和全面实施新型农村合作医疗制度的重要措施，

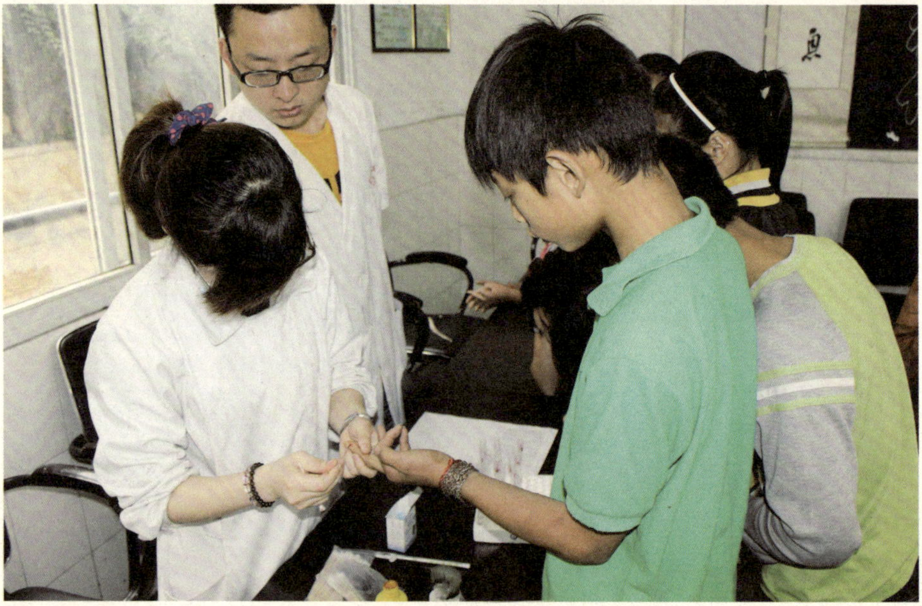

村医务室人员正在给孩子们进行血红蛋白的检测

也是一项关系农民切身利益的民生工程。关于农村三级医疗服务体系建设，《2014年我国卫生和计划生育事业发展统计公报》指出，2014年年底，全国2854个县（县级市）共设有县级医院12365所、县级妇幼保健机构2002所、县级疾病预防控制中心2816所、县级卫生监督所1924所，四类县级卫生机构共有卫生人员233万人。2014年年底，全国3.27万个乡镇共设3.7万个乡镇卫生院，床位116.7万张，卫生人员124.7万人（其中卫生技术人员105.3万人）。与2013年比较，乡镇卫生院减少113个（乡镇撤并后卫生院合并），床位增加3.1万张，人员增加1.3万人。2014年，每千名农业人口乡镇卫生院床位由2013年1.30张增加到2014年1.33张，每千名农业人口乡镇卫生院人员由1.41人增加到1.43人。全国58.5万个行政村共设64.5万个村卫生室。村卫生室人员达146万人，其中执业（助理）医师30.4万人、注册护士9.8万人、乡村医生98.6万人。平均每个村有村卫生室人员2.49人。与上年比较，村卫生室减少0.4万个，人员总数增加0.3万人。

第三节　社会服务与保障

一、文化惠民工程——文化惠民，润泽民心

“这个小青不知多厉害，白娘娘护着许仙呢，呵呵……”山东省济宁市太白湖新区石桥镇姜庄村的姜大娘正在看戏，会心的笑容时时掠过老人的脸庞，济宁市“千场大戏进农村”文化惠民工程2016年首场演出在姜庄村拉开帷幕，村文化广场围满了前来观看演出的群众，大家被演员们精彩的表演所感染，发出阵阵掌声。

2013年以来，济宁市文广新局以“十艺节”为契机，大力实施文化惠民工程，开展了“千场大戏进农村”文化惠民活动，实行“政府买单，百姓看戏”，组织市县专业艺术院团，深入各基层行政村（社区），联合当地村民文艺人才，进行文化惠民演出。“千场大戏进农村”文化惠民活动2013、2014连续两年被列为济宁市为民办十件实事之一，2015年又被列为市民生保障线的重要内容，2016年再次被列为济宁市为民办十件实事之一。

通过3年多的努力，“千场大戏进农村”已累计演出6000余场，基层行政村（或社区）演出覆盖率达到84%，逐步成为济宁基层群众家喻户晓的文化惠民品牌，在丰富基层群众生活、提升群众满意度上发挥了潜移默化、润物无声的作用。

随着活动的持续开展，基层群众对惠民演出由刚开始的懵懂甚至排斥转变为现在的耳熟能详和热情欢迎，群众对这种政府买单、在家门口看大戏的娱乐方式交口称赞，“千场大戏进农村”越来越深入人心。目前，农村人员构成主要以老人、留守儿童为主，他们在农闲时节业余生活比较匮乏，尤其是农村的老人，可以接受的娱乐方式主要就是看戏。政府送来的文化惠民演出，老百姓在喜欢的同时心存感激，时间久了，也让文化工作者受到感染，激励他们继续思考创作更多符合基层群众审美需要的文艺作品，将精神食粮送到老百姓的家门口。

“文化惠民工程”是党的十七大提出来的，是全国人民物质生活水平快

步提高之后的一项伟大工程，是社会主义文化大发展、大繁荣的一项重大举措，也是一项惠及全国人民，普及大众文化的工程。其中包括文艺节目下乡工程、广播电视村村通工程、全国文化信息资源共享工程、农村电影放映工程、农家书屋工程、西部开发助学工程和电视进万家工程等重点项目。文化惠民是党和政府近几年亲民、爱民政策的体现，也是执政为民理念在文化上的具体反映。

二、留守儿童——关爱留守儿童，托起明天的希望

2015 年春节结束后，农民工们开始新的打工征程，留下的是孩子们新一轮对父母的等待。山东省莒县安庄镇在校学生有 2500 多人，其中留守儿童有 1200 多人。由于父母不在身边，有些孩子存在家教缺位、亲情缺失、交流缺少等问题，这种状况容易导致他们出现“亲情饥渴”的症状，心理、性格等方面出现偏差。

为了让他们有一个健康的心理，安庄中心小学于 2009 年投资 30 万元建成留守儿童活动中心，并配备 12 名专兼职工作人员、外聘法律顾问 1 名、保健医生 2 名、培训心理咨询员 1 名。为了保障留守儿童的日常生活，学校还投资 20 余万元改建食堂，伙食尽量照顾到多数学生的口味，平均每顿饭学生只需花费两三元，对贫困留守儿童，学校免费提供午餐。政府和学校的举措使广大留守儿童感到，身有人护，心有人疼，难有人帮，学有人教，使他们能够健康快乐地成长。

关爱“留守儿童”越来越成为社会关注的焦点。由于更多工作机会在城市和沿海地区，农村的父母不得不远离家乡，外出打工，受与户籍制度绑在一起的教育、医疗制度的限制，很多父母不能把孩子带在身边，不得不让孩子留在家乡接受教育。这些孩子就成了“留守儿童”。这一群体的成长越来越受到政府和社会的关心。2013 年，全国妇联发布的数据显示，中国农村留守儿童数量超过 6000 万，总体规模正在扩大；全国流动儿童规模达 3581 万，数量大幅度增长。这一数据是 2010 年妇联从第六次人口普查数据中抽取 126 万人口样本推算得出的。

2016 年 2 月，国务院发布《关于加强农村留守儿童关爱保护工作的意

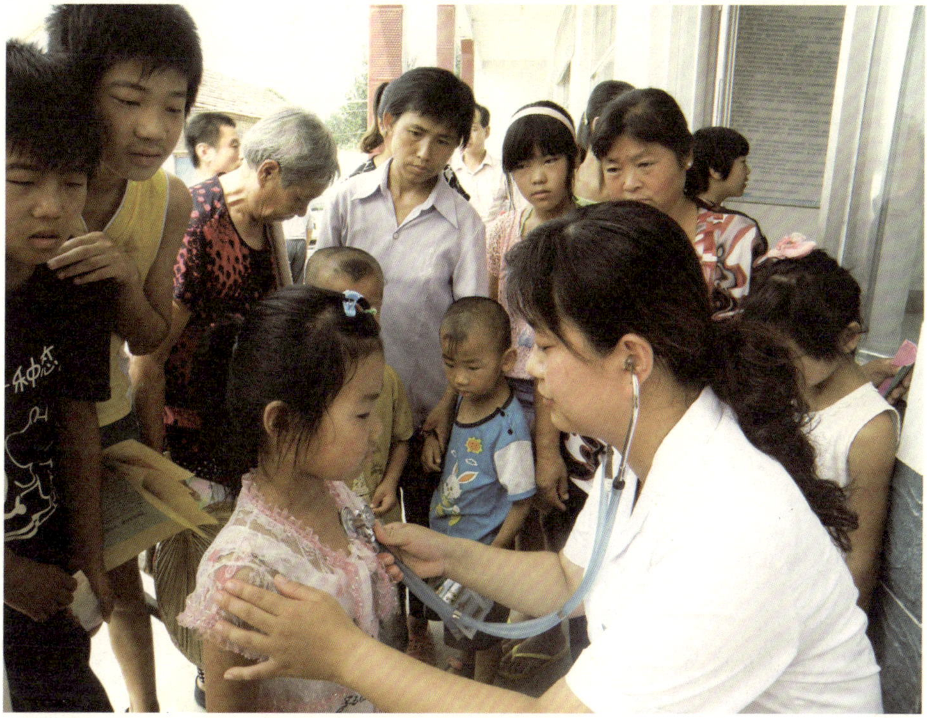

莒县安庄镇留守儿童服务中心，志愿者正在给孩子们检查身体

见》，提出农村留守儿童关爱保护工作制度化、规范化、机制化建设亟待加强。为了更有针对性地解决留守儿童问题，民政部、教育部、公安部联合发布《关于开展农村留守儿童摸底排查工作的通知》，决定从2016年3月底至7月底，在全国范围内开展一次农村留守儿童摸底排查工作。掌握农村留守儿童数量规模、分布区域、结构状况，及时掌握农村留守儿童的家庭组成、生活照料、教育就学等基本信息，建立农村留守儿童信息库，并健全信息报送机制，为细化完善关爱保护政策措施，加强关爱服务力量调配和资源整合提供基础数据支持，提高农村留守儿童关爱保护工作实效。

三、农村养老保险——养老保险送靠山，老有所养才平安

据民政部统计，截至2014年年底，中国60岁以上老年人口已经达到2.12亿，占总人口的15.5%，老龄化和养老问题将是中国要面临的问题。

超过2亿的老人中，一半以上是农村老人，并且随着第一代农民工返乡人数的增加，农村养老需求不断增加。国家和社会在农村养老问题方面已做出多方努力，努力构建完善的农村养老保障体系。

宜都市位于湖北省西南部，江汉平原西部。2009年，宜都市作为湖北省农村养老保险工作试点，探索农村养老新路子。保险对象主要针对年满16周岁（在校学生除外），未参加城镇职工基本养老保险、被征地农民养老保险的本市户籍农业人口。子女每年为父母缴100元的保费，缴满15年且父母满60岁后，每月可领取60元的养老金。截至2010年12月底，宜都市新农保参保人数达156013人，占应参保人数的90.6%；征收保险费13455万元，为55645名60岁以上老人发放养老金8342万元，为3124名已死亡老人发放丧葬费312.4万元。为更好地推进城乡一体化建设，2011年7月1日，宜都开始合并新型农村社会养老保险和城镇居民社会养老保险，施行"保基本、广覆盖、有弹性、可持续"的"城乡居民社会养老保险"。"两保并轨"，开辟了农村社会养老的一片新天地。截至2014年6月底，宜都市有14万多居

湖北宜都市财政部门的工作人员在红花套镇南桥村给老年人办理新型农村社会养老保险

民参加了新型城乡居民社会养老保险，参保率实现100%。

宜都市的新型农村社会养老保险（简称“新农保”）的探索给全国的新农保政策提供了可贵的经验。什么是新农保呢？新农保是以保障农村居民年老时的基本生活为目的，建立个人缴费、集体补助、政府补贴相结合的筹资模式，养老待遇由社会统筹与个人账户相结合，与家庭养老、土地保障、社会救助等其他社会保障政策措施相配套，由政府组织实施的一项社会养老保险制度。2009年，国家开始在全国10%的县（市、区、镇）进行试点，进而逐步在全国普遍实施，争取在2020年之前基本实现对农村适龄居民的全覆盖。

2015年，中国首次统一提高全国城乡居民养老保险基础养老金最低标准，全国城乡居民基本养老保险基础养老金最低标准提高至每人每月70元，即在原每人每月55元的基础上增加15元，提高幅度为27.3%。2017年，农村养老保险政策进一步完善。年满60周岁、未享受城镇职工基本养老保险待遇的农村有户籍的老年人，不用缴费，可以按月领取养老金，但其符合参保条件的子女应当参保缴费；距领取年龄不足15年的，应按年缴费，也允许补缴，累计缴费不超过15年；距领取年龄超过15年的，应按年缴费，累计缴费不少于15年；鼓励中青年农民积极参保、长期缴费，长缴多得。

农村养老保险交多少钱？参保人员可根据本人及家庭经济状况自愿选择个人缴费标准，多缴多得。

（一）明确个人缴费，参保个人按年缴纳养老保险费，缴费标准设为100元、200元、300元、400元、500元、600、700元、800元、900元、1000元10个档次，参保人员可根据本人及家庭经济状况自愿选择个人缴费标准，多缴多得。

（二）在出口补助方面，分别确定最低给予每人每年45~65元补贴，每人每月发放养老金标准最低达到120元；同时鼓励长期缴费，对累计缴费满15年的农牧民，每增加缴费1年，每月增加不低于2元的基础性养老金。

（三）在入口补助方面，分别确定最低给予每人每年20~60元补贴。同时鼓励多缴费，对选择100元以上档次缴费的，每提高一个缴费档次，每人每年增加补助不低于5元。另外，对重度残疾人等困难群体，政府代其缴纳最低标准的养老保险费。

四、养老院与居家养老服务中心——让老人不再孤寂

“打小就没住过这样的房子，有电视，有暖气，吃喝不愁，真是享福了！”2015 年 3 月 20 日，在山东省邹城市大束镇农村幸福养老院，83 岁的胡同胜老人谈起现在的生活，脸上露出满足的笑容。2014 年年底，他和老伴搬进了这处农村幸福养老院，没想到这里条件这么好，平时和老人们聊聊天，看看电视，生活过得非常滋润。

胡同胜老人的话道出了很多邹城市空巢老人的心声。目前邹城市 60 岁以上老年人有 18.86 万人，其中城乡空巢、独居、留守老人有 5.1 万人，占全市老年人口总数的 27%。为解决这些老人无人陪护等问题，邹城市利用各种社会资源，不断探索农村幸福养老院、邻里互助点、日间照料中心和居家养老站等养老新模式，让城乡空巢、独居、留守老人有了新的好去处。

邹城市已在全市 16 个镇街的大村，布点建设了农村幸福养老院 150 处，农村老人覆盖率达 45%，1.8 万名农村老年人受益。依托空巢老人家庭，在小村布点建设了 50 处邻里互助点，实现以德相邻、守望相助，打破了农村老人封闭的生活模式。依托镇村卫生室，配套建设了 39 处社区老年人日间照料中心和 30 处社区居家养老站，实现了空巢老人小病不出村、药片不花钱。邹城市的养老院和居家养老服务中心建设为当地农村老人，特别是“空巢老人”带来了莫大的帮助与关怀。

山东邹城市戏剧团在广场为老人们过重阳节

实际上，邹城市农村老龄化问题只是全国的一个缩影，农村老龄化正在加剧。据全国老龄委公布的数据。截至 2012 年年底，在 1.94 亿 60 岁以上的老年人口中，农村老年人口约有 1.2 亿，空巢老人约 9000 万人。中国自从 1999 年进入老龄化社会以来，老年人口持续以每年 3.2%的速度不断增长。以此推算，至今农村空巢老人数量已过亿。

为应对中国正在面临的老龄化和空巢老人的问题，各地都在探索完善农村养老保障体系。比如，截至 2015 年 3 月，四川省已建设 2802 个农村敬老院，床位数达 30.77 万张，居全国第一，并计划新增民办、公办养老机构床位 5 万张，维修改造公办养老机构床位 3 万张，建设城乡社区日间照料中心 2400 个。2013 年，浙江省民政厅印发《浙江省农村居家养老服务设施建设三年推进计划》，提出扩大农村养老服务设施总量，拓展农村养老服务项目，壮大农村养老服务队伍，提高农村养老服务水平。浙江省于 2015 年建设城乡社区居家养老服务照料中心 5000 个，新增养老机构床位 2.8 万张，建设护理型床位 1.5 万张，实现城市社区居家养老服务照料中心全覆盖，2/3 的农村社区建有居家养老服务照料中心，80% 以上县（市、区）建有养老服务信息系统。有条件的县（市、区）率先实现城乡社区居家养老服务照料中心全覆盖。

五、农村低保——低保保生存，致富靠勤劳

2014 年 2 月 11 日，新疆昌吉回族自治州呼图壁县举行统筹城乡低保启动仪式，在新疆率先实现统一城乡低保发放标准，将农村低保标准由月人均 183 元提高到月人均 370 元，与城市低保标准相同。为了让农牧区困难群众享有和城镇居民同等的最低生活保障，呼图壁县财政将每年增加 200 多万元用于低保资金的发放。

当天，呼图壁县石梯子乡霍斯托别村低保户纪孟军领到了一家三口 1629 元的低保，比以往多了 500 多元。实现城乡低保一体化后，呼图壁县 900 户 2500 多名农村困难群众将从中受益。

呼图壁县的农村低保政策是这些年新疆维吾尔自治区响应国家号召，积极推行农村低保和探索城乡低保统一的体现。2014 年是新疆维吾尔自治区第五个民生建设年，将城乡低保提升工程列为重点民生工程，安排专项资金提

新疆呼图壁县民政部门工作人员到石梯子乡给农民讲解国家的低保政策

高城乡低保对象的基本生活，其中城市低保 23.2 亿元、农村低保 18.4 亿元。这一惠民政策让 86 万城市低保对象和 130 万农村低保对象受益，城乡低保对象每月人均补助分别为 277 元和 129 元，高于全国平均水平。2015 年新疆全省城乡低保对象月均补助水平分别达 297 元和 144 元，并在全省民政工作会议上提出，"十三五"期间每年都将提高 350 元，到 2020 年农村低保家庭年人均收入为 4050 元以上，并且加快推进全省范围城乡低保标准一体化。

据国家民政部统计数据显示，截至 2015 年 3 月底，全国享受最低生活保障人数 7003.1 万人，其中 1842.9 万人享受城市居民最低生活保障，5160.2 万人享受农村居民最低生活保障，农村五保供养 517.5 万人。全国农村低保平均标准每人 2855 元/年。国家"十三五"规划提出实行低保政策和扶贫政策衔接，对贫困人口应保尽保，并逐步实现城乡低保标准统一。

文化篇

发展农村文化，建设文明乡村

导读

“一方水土养一方人，十里乡俗各不同。”中国五千年的文明历史传承，积淀了深厚的农村文化传统，特别是一些拥有上千年历史的村庄，延续着中华民族浓浓的文化底蕴。在共续中华民族血脉的基础上，南北文化习俗也有各自的特色，比如南方的稻谷造就了南方的大米饮食文化，北方的麦子造就了北方的面食文化。

改革开放初期，农村普遍物质匮乏，但是依旧热闹非凡，各种农村手工艺人、贤能之人依然在传播传统文化习俗。新年的剪纸、舞狮子、团圆饭让年味浓厚无比；豆腐坊、竹篾匠、木匠、铁匠传承着传统技艺手法；红白喜事时村民大聚会，地方戏曲你方唱罢我登场。

随着农村大量人员外出务工，村庄变得安静下来，剪纸老人去世了，舞狮子队凑不齐人了，团圆饭聚在一起的时间变短了，木质门窗渐渐被铁、铝制品代替了，地方戏曲渐渐成了老一辈人的回忆，露天电影也一去不复返了。农村的传统文化离年轻人越来越远，提高物质生活成了农村人最感兴趣的话题。中国越来越多村庄除了婚丧嫁娶、春节、清明节能看到传统习俗的影子，平常的文化生活已经非常单一，渐渐被电视、棋牌文化代替。文化习俗的减少，使得农村人面临社会的巨大变化与市场经济的冲击，也面临着空虚的忧虑，人情冷漠的担心。

每个村庄的文化发展最终还是得靠当地人的意识觉醒，靠当地人去传承和发扬。

经济的快速发展使得农民的物质生活水平日益提高，越来越多的农民对文化的需求也开始增加。农村的民俗文化也随着社会的变迁而变化，比如婚丧嫁娶观念和形式的变化，土葬改为火葬，婚姻礼节变得简单与大众；农村

物质匮乏时期，过节时农民通常自编自导文艺节目

农村春节文化活动中，舞狮子表演

传统文化的复兴，比如地方戏曲、舞狮表演重新焕发活力，乡村匠人文化体现出新的价值；农村文化出现新现象，比如广场舞、健身文化、返乡创业潮、农村文化创意产业，等等。同时，政府充分调动各种资源进行农村文化服务基础设施建设，形成老百姓跳舞有广场、表演有戏台、健身有场地、娱乐有器材、阅读有书籍的局面。

文化底蕴对于美丽乡村建设的重要性是不言而喻的，是社会主义和谐新农村建设的重要部分。农村传统历史文化的宝贵资源越来越被社会认可和重视，政府和社会有识之士对古村落的保护引起了社会的积极响应，同时对新农村新文化现象的支持与引导也在努力之中。当下中国的村庄正在演绎着一幕幕新旧交替、传承与发扬的文化建设精彩画面。

第一节 农村的休闲娱乐

一、休闲娱乐——旧的在恢复，新的已开始

农村从来不缺文化娱乐，随着经济的发展、社会的变迁，农村的一些玩乐方式也随之变化。从舞狮子、赛龙舟、玩龙灯这些传统文化娱乐一度盛行到渐渐变少，再到逐渐恢复；从打牌类赌博方式被禁止，到成为普通娱乐方式；从舞蹈、健身文化盛行于城市到盛行于农村；从在本村玩乐到外出旅游。随着农村物质文明程度的提高，精神文明的需求越来越强烈，老百姓的文化娱乐创造力再次被激发出来。

改革开放初期，农村每逢节日，特别是春节和元宵节，各个生产队会组织自己的文化团队，举办舞狮子、舞龙灯的娱乐活动。平时则很少有业余活动。农闲时，男人们总喜欢聚在一起喝酒、抽烟、聊天，女人们则聚在一起做布鞋、织毛衣。从20世纪60年代开始的农村露天电影依然是老百姓重要的文化娱乐活动。所以只要大喇叭一广播说晚上有电影看，十里八乡的人们都早早吃完饭，家境不好的往往不吃晚饭，就涌向了电影放映点。放映点一般在村委会门前宽阔的土路上，荧幕就用四根粗绳拴在路两旁的白杨树上。当然，

那个年代的农村露天电影，村民吃了晚饭，领着孩子，搬着凳子，去场院看电影

放假了，孙子在家陪爷爷奶奶打麻将娱乐

如果婚丧嫁娶的人家请人放电影，就在自己村里放映，但也会吸引十里八乡的村民来看。那时候农村太需要这类文化娱乐活动了，但除了偶尔放电影，再没有什么可以打发时间的娱乐活动了。

20 世纪 90 年代，掀起了城市经济改革的浪潮，同时带来了打工潮。农村的青壮年劳动力开始外流到沿海和大城市，老人、妇女、儿童逐渐成了农村的主体力量，留在村里的和外出的都忙着干活挣钱，导致农村中一些传统的文化娱乐方式也渐渐减少，会舞狮子、舞龙灯的人基本都外出打工了，电视机的普及也使得农村露天电影的需求逐渐减少。除了看电视、打牌，许多农村地区基本没有其他群体性的文化娱乐活动。

进入新世纪后，党和政府开始大力推进社会主义新农村建设，提供丰富的娱乐设施，比如建设文化广场，提供健身器材。农民生活水平的提高，机械化的推进也大大增加了农闲的时间。农村的文化娱乐活动渐渐恢复了，不再仅仅是看电视、打麻将，舞狮子、划旱船、打腰鼓再次频繁地出现在人们的视野里；广场舞成为了农村晚饭后的必备项目，人们在广场中间放上村委

贵州安龙县万峰湖镇农民运动会和联欢会

会配置的音响设备，伴着音乐跳起来，一支舞下来，出点汗，整个人也舒畅了；老年人、孩子每天早上或者傍晚都会去村里的健身场所运动；遇到寒暑假，老人、妇女则带着孩子到城市和孩子的父亲团聚，顺便在当地观光游览一番；数字、卫星电视的安装，使得农民有更多电视频道可选择；互联网在部分村镇普及，一些人开始通过上网来放松心情，接触外面的大千世界。

总之，现在的农村正在尝试着找回传统的娱乐文化，也在创造着新的娱乐方式。丰富的文化娱乐生活，自然也提升了老百姓的生活品质，改善了他们的精神状态。

二、乡村大舞台——农民自己的舞台

湖南省攸县黄丰桥镇是一个经济强镇，辖有 13 个村、1 个社区。该镇截至 2014 年已建成 11 个乡村大舞台，这些大舞台是当地村民业余文化生活的首选去处。有了大舞台后，村民纷纷发挥创作热情，彰显自己的创作才华。文艺表演都是由村民原创的，有花鼓戏、双簧、歌曲演唱、群众快板书等。值得一提的是，这些创作都有主题，有思想，比如《中国梦·攸县梦》《城市农村一个样》等。上至 80 高龄的老人，下至学龄前的小孩都可以上台，既有身怀绝技的，也有第一次登台的。有时村民兴致高，台下观众多，活动可以持续大半天。没有重大活动，舞台就成了腰鼓队、舞蹈队的排练场所。

乡村大舞台让文艺爱好者有了自信，也影响了村民的生活态度。过去农村老百姓面向黄土背朝天，农闲时几乎没有集体活动，大家都不太讲究穿着打扮。乡村有了这样的娱乐平台后就不一样了，大家经常在一起参加各种演出，渐渐地，都开始注重自身形象，爱时尚、爱打扮的也多了起来。

目前攸县已有 100 多个乡村大舞台，村民在一起娱乐，既和睦了邻里关系，助推了社会工作，也提升了村民的幸福指数。

乡村大舞台是国家公共文化服务体系项目创建的重要部分，更是社会主义新农村精神文明建设的重要项目。2013 年，十八届三中全会提出关于整合基层宣传文化、党员教育、科学普及、体育健身等设施，建设综合性文化服务中心，推动文化惠民项目与群众文化需求有效对接。在这一思想指导下，地方政府高度重视乡村大舞台的建设，积极探索乡村大舞台利用模式。

农村文化大舞台丰富了农民的精神生活

甘肃省政府出台《甘肃省“乡村舞台”建设方案》，提出2014年上半年，在全省1228个行政村进行试点建设，下半年在5000个行政村进行推广建设，2015年至2017年分年度普及建设。计划到2017年年底前，在全省16024个行政村实现“乡村舞台”全覆盖。截至2014年12月31日，全省实际完成建设任务6625个，2015年上半年又投入资金3.6亿多元，建成“乡村舞台”1812个。自“乡村舞台”建设以来，甘肃省共组建民间自办文化社团6600多个，参与群众有93万多人次。

三、广场舞——跳出健康，舞出新生活

每当夜幕降临，安徽合肥市三十岗乡三十岗村、陈龙村等村级活动广场便响起欢快的广场舞乐曲。广场舞成为时下农村的一道靓丽的风景。

为了满足城乡居民日益增长的文化娱乐生活需要，引导文明健康的生活理念，三十岗乡积极倡导群众参加农村广场健身舞活动，想方设法为各村配

备一套音响设备，乡文化综合服务站安排年轻群众参加社区辅导员培训，并及时安排上岗，开展广场舞指导培训，直到群众学会为止。三十岗村 80 多岁的村民代永凤天天坚持跳广场舞，身体轻巧了许多，腿痛的毛病也没有了。

如今，跳广场舞已经成为三十岗乡群众的新风尚，聚拢起来的村民跳的跳，看的看，一起交流、探讨，矛盾纠纷少了，邻里关系好了，村子更加和谐了，大家别提多开心了。正如三十岗村村民侯世珍说的："没跳广场舞之前，整天闲得无聊，不是打打牌，就是串串门。后来村里建了活动广场，舞蹈教练每个星期二来教广场舞，大家伙在一块相处多了，既增加了友谊，也增长了见闻，更增添了快乐。"

广场舞是一种集音乐、健身和形体舞蹈于一体的表演形式，通常配合节奏明快、曲调简洁的音乐，在广场、院坝等场地开展，适合群众参与，受到民众广泛的喜爱。随着人们物质生活的不断丰富，人们对健康的追求也越来越强烈。自 2008 年北京奥运会后，全民健身理念越来越为大众接受，广场舞不仅在城市，而且在很多农村地区也渐渐成为了一种十分流行的休闲健身方

舞蹈老师在教村民学习广场舞

式。如今，走在城市、县城、乡镇、村庄，只要是有广场的地方，基本上都能看到“广场舞大妈”的影子。

党和政府历来都非常重视农村建设，“十一五”规划期间就已经提出“生产发展、生活宽裕、乡风文明、村容整洁、管理民主”的建设理念。广场舞在农村的流行，对于农村人口素质的提高以及新农村建设的推进都有着非常积极的作用。地方政府根据本地情况进行财政拨款，努力给每个村开辟一个公共活动的场所，更有条件的政府，则如合肥的三十岗乡给村民们配备一套音响设备，并定期举办广场舞交流比赛。

第二节　乡村的民俗与手工艺

一、农村民俗文化——一份民俗，一份记忆

江西省婺源县每年春节前一周就进行杀年猪、做年夜饭、打麻糍、唱徽剧、踩高跷等民俗活动。过大年时，每家每户会舂一二十斤糍粑。外出打工的年轻人回来了，聚在一起，熟练地拿起杵槌，四个一团、六个一伙，很是热闹，也增进了村民之间的感情交流。

大年初二，是当地非常重要的一天，这天许多村都会举办请傩神、跳傩舞的傩事活动。婺源傩舞俗称“鬼舞”或“舞鬼”，极具地域特色，早在明代初叶就有记载。每逢新春，当地都会请傩神、跳傩舞，祈盼新的一年风调雨顺、五谷丰登。

很多外地人到婺源来观看傩舞，顺便体验婺源农村的民俗和年味，“吃农家饭，过农家年”。他们白天品尝糍粑、红薯干、南瓜子等小吃和零食，观看各种民俗活动，夜间则可以观赏各色彩灯和数百米长的“板凳龙”，在体验中追忆充满儿时味道的新年。

近些年，很多地方逐渐恢复了部分传统年俗、民俗，这对于文化传承是非常有意义的。比如，在位于汉水上游的陕西汉中农村，独具陕南特色的社火“扫五穷”在春节期间重新上演。村里会挑选出几个十四五岁的男孩，化

江西婺源县长径村的乡村艺人在请傩神、跳傩舞

装成红、黑灵官，孙悟空，财神，喜神等，在村里挨家挨户走一遍，期待这些“天神”驱走邪、怪、病、灾、贫“五穷”。活动不仅营造了节日的喜庆气氛，而且寄托了老百姓对幸福生活的美好祈愿和向往。

中国农村民俗文化是中国几千年传统文化发展演变的积淀，其内容多样，各地都有自己的特色。据中国民俗协会统计，农村民俗文化可以分为服饰民俗、饮食民俗、节日民俗、婚姻习俗、寿诞习俗、丧葬习俗、民间诸神等几十个方面。如此多的民俗文化积累，是正在复兴的农村民俗文化的巨大宝藏。各地有识之士正在努力取其精华，去其糟粕，让积极文明的民俗传承下去。

二、地方戏曲——舞台虽小内容宽，古今中外故事藏

中国的很多戏剧发生在小地方，发源于农村。2014 年 11 月 6 日，浙江省传统戏剧之乡授牌暨展演晚会在建德市新叶村举行，高腔、乱弹、平调、昆曲等 25 项各具特色的传统戏剧项目参演。

新叶村位于建德市大慈岩镇，有着 800 年历史传承的新叶古民居，被誉

传统戏剧在浙江建德展演

为中国最大的明清古民居建筑露天博物馆。地方名曲《新叶昆曲》《新叶三月三》被列为浙江省非物质文化遗产。渗入到生活中的表演也吸纳了不少新生力量。上台表演的演员有七八十岁高龄的年迈老人，也有十来岁的戏曲蓓蕾，让这发源于民间的非物质文化遗产得以代代流传。

浙江是南戏故乡，是戏剧大省。所谓“一部中国戏剧史，半部在浙江”。浙江列入省级非物质文化遗产的传统戏剧有 56 项，其中列入国家级非物质文化遗产的传统戏剧有 24 项。有若干大剧种，也有不少小剧种，还有无处不在的草根戏。《浙江省传统戏剧之乡申报与命名实施方案》中特别强调，要根据当地传统戏剧项目的实际，注重项目的落地保护，注重保护实效，大力促进地方戏在地方的发展，营造传统戏剧良好的生存空间和土壤。政府出台的《浙江省地方戏剧保护传承工程实施方案（2014—2020 年）》提出，要抓住当前新农村建设的历史机遇，加大投入，修缮和建设一批地方村落与城市古（仿古）戏台、书场，建设一批地方戏剧展示馆（厅、室），配套一批地方戏剧排练场所，完善一批农村文化礼堂中的戏剧活动室等。

地方戏剧是流行于一定地区的戏剧样式，种类多样，比如秦腔、川剧、沪剧等。中国戏曲具有悠久的历史、独特的魅力和深厚的群众基础，是表现和传承中华优秀传统文化的重要载体。为促进戏曲繁荣发展，弘扬中华优秀传统文化，丰富人民群众的精神文化生活，2015 年 7 月，国务院办公厅印发了《关于支持戏曲传承发展的若干政策》，明确了支持戏曲传承发展的主要措施，以加强地方戏剧的保护与传承。2015 年 7 月至 2017 年 6 月，在全国范围内开展地方戏曲剧种普查工作。同时，实施地方戏曲振兴工程，将其纳入国民经济和社会发展“十三五”总体规划；鼓励地方设立戏曲发展专项资金或基金，扶持本地戏曲艺术发展。

三、农村婚姻——传承旧习俗，融入新元素

春节前后是全国各地农村办婚礼的高峰期，因为年轻人多在外打工，临近过年时，才会有更多时间回老家准备婚礼，山东省邹平县农村也不例外。结婚前双方家长必须至少有一次正式见面，这时双方父母会选出黄道吉日，然后就婚礼过程中的诸多事情进行沟通协商。

山东省邹平县黄河沿岸的村庄，延续下来的一些习俗就很有地域色彩。婚礼当天清晨 6 点半，新娘子穿好婚纱开车去县城化妆，8 点多返回家里，9 点多新郎和他的迎亲队伍来到女方家。新娘家会把大门紧闭，要开门红包，热闹一番。新郎终于叫开了门，把鲜花递到了心爱的人面前。一系列的仪式过后，新娘从家里出来时，要有两位男童端着点着的红蜡烛给新娘引路，送到婚车上。新人的车队从新娘家到新郎家的路上，过桥、过河、过井、过村庄都要燃放鞭炮。新娘到新郎家后，下车前要用点燃的稻草围着婚车转三圈，以去掉路上带来的邪气。婚礼开始时，司仪会按照事先准备好的流程，让新人在浪漫的场景中交换婚戒，喝交杯酒，向长辈行礼。婚礼结束后，会放些 10 元、5 元、1 元不等的人民币在托盘上，让新娘用一只手去抓，抓得越多，则表示以后的日子越红火。

伴随着经济的发展和人民生活水平的提高，农村婚姻习俗有许多变化：婚车由原来的马车，经过拖拉机、卡车，升级到现在的小轿车；一些烦琐的礼俗没有了，比如一些地方的“坐福”，即新娘子坐在炕头一天不许下炕，

新娘正在给公公婆婆敬茶

坐得越久越有福气，取而代之的是新风气。谈对象的观念更开放了，爷爷辈的是父母包办婚姻，娃娃亲很多；父母辈的是乡里乡亲介绍的婚姻；到了年轻一辈，多是自由恋爱或者熟人介绍。因为外出打工，年轻人结识了五湖四海的人，跨省的婚姻多了起来。婚姻的物质配备也高了很多，父母结婚时，会要求有自行车、缝纫机、黑白电视机等物品，现在年轻人结婚则要求液晶电视、电脑、冰箱、空调等一应俱全。有条件者至少在县城买一套房子，没条件者则在农村把家里装修一番。

随着整体经济条件的改善和物价水平的攀升，彩礼钱也呈快速上涨趋势，很多父母为娶儿媳妇，要花掉大量积蓄甚至借外债。受到现代观念和城市婚嫁仪式的影响，青年男女在婚礼的设计中也更加追求时尚、个性。越来越多的青年在乡镇饭店中举行婚礼仪式，并请来专业的婚庆司仪主持婚礼，对婚车档次的要求也逐渐提高，讲究场面的隆重。

四、农村殡葬改革——破除丧葬陋俗，引导文明丧葬

土葬是农村上千年的传统，然而随着现代社会的发展，土葬的方式不利于保护有限的土地资源。同时，传统殡葬方式有烦琐的礼仪和程序，使贫困家庭往往因操办丧事背上沉重的债务。

2004 年以来，江西省瑞昌市政府大力推进殡葬制度改革，倡导文明丧葬新风，大力提倡和推行农村公益墓地建设，让农村老人去世后更有尊严。瑞昌市还鼓励改土葬为火葬，改坟墓为骨灰堂，破除丧葬旧俗。

当初让村民放弃土葬接受火葬，是一件非常艰难的事情。瑞昌市专门成立了工作组，组建了一支信息队伍，每个乡（镇）、村、组都安排了专人，一旦有人去世，工作组的成员便主动做其亲属的工作，说服他们同意火化。当地政府也出台相关政策，村民每火化一具遗体，政府补贴 270 元，困难群众实施火化的费用全免。同时，政府开始进行骨灰堂设施建设，主要是组织村民自筹资金建骨灰堂，先后建了追思堂、故先宫、孝慈亭、怀亲堂等，这些骨灰堂大的有 1000 多个格位，最小的也有 100 多个格位。

经过十多年的改革，该市建成的农村公墓达 83 个，其中 34 个已投入使用。

农村正在积极探索公益性墓地建设经验

瑞昌市不仅在江西省开创了殡葬改革的先河，而且节约了大片土地，因此成为江西省“十二五”期间殡葬改革示范市。

在农村推行殡葬改革，目的是将农村死亡人员的遗体进行火化，将骨灰葬于经营性公墓或公益性墓地，或者不保留骨灰进行生态葬。其核心目的就是禁止乱埋乱葬，节约土地和林木资源，保护生态环境，倡导文明节俭办丧事，改革愚昧落后的丧葬习俗，推进社会主义新农村建设。据统计，中国每年有近 10 万亩土地变成公墓和坟场，耗费木材 500 多万立方米。

2014 年，国务院发布《关于全面深化殡葬改革的实施办法》，提出实行殡葬制度改革，实施火葬，革除殡葬旧习俗。2016 年 2 月，民政部、国家发改委等九部委联合发布《关于推行节地生态安葬的指导意见》，倡导不留骨灰的安葬方式，推行节地生态安葬，但这并不对广大群众作出硬性要求，而对生态安葬的家属进行奖励补贴，并完善相应的殡葬服务。

五、农村手工艺——让手工艺也有经济价值

近几年每到冬季，都是沂蒙老区村民忙活的时候。随着沂蒙老区的乡村公路等基础设施的修建，越来越多的城市人到沂蒙山区旅游，这也带动了当地手工艺品的发展。

走在沂南县铜井镇竹泉村的小路上，经常会看到妇女们三五成群地聚在一起缝制鞋垫、香包、布鞋、虎头帽、生肖羊等各式各样的民俗手工艺品。这既复兴了当地的传统手工艺，使其有了传人，也带来了经济价值。这些手工艺品广受外来游客喜爱，制作手工艺品成为村民利用冬季农闲增加收入的有效渠道。一个冬季下来，每人能增加收入 3000 余元。

随着农业现代化的推进，农民从主要的体力劳动中解放出来，农闲的时间开始大大增加。同时，经济水平的发展使得城市居民对传统工艺品的需求开始增加，于是各地都在努力发掘当地的传统工艺。2016 年，中央一号文件提出，大力发展休闲农业和乡村旅游，依托农村绿水青山、田园风光、乡土文化等资源，大力发展休闲度假、旅游观光、农耕体验、乡村手工艺等旅游项目，使之成为繁荣农村、富裕农民的新兴支柱产业。不久，国务院办公厅发布了《关于推进农村一二三产业融合发展的指导意见》，提出扶持发展一

62 岁的樊海香练就了一手“五彩线编织”工艺的绝活

乡（县）一业、一村一品，加快培育乡村手工艺品和农村土特产品品牌，推进农产品品牌建设。

六、乡村匠人——“工匠精神”的延续

浙江省金华市浦江县白马镇嵩溪村85岁的徐永煌大爷是远近闻名的篾匠。他从 12 岁时开始学习篾匠手艺。走进他的家，院子里几个十分精致的三层篾编食盒就会映入眼帘，每个食盒顶的把手处都有一个精美的手工紫铜拉环，它是老人一锤一锤敲打出来的。有几次游客想买，他都谢绝了，他打算把花了一年多时间做好的古式食盒留给子女，希望这门手艺传承下去。

谈及篾编这门手艺，徐大爷总是滔滔不绝：“用我们浦江话说，竹编竹编，它所需的材料自然就是竹子啦，竹子必须在冬天砍伐才不容易被虫蛀，而且要选择 5 年以上的老毛竹。老毛竹韧性强，如果竹子太嫩，做出来的篾编不结实。”原来，砍回来的竹子从锯成竹节，剖成篾片，到编织成篾器，得经过砍、锯、劈、切、剖、撕、拉、撬等十几道工序，优秀的篾匠必须样样通晓。

琳琅满目的竹制品

用篾丝编织的篾器，比如箩筐，先要把篾片剖成篾条，然后是拉篾。一根篾丝起码要在刮刀与拇指的中间反复拉四次，粗了不软，细了不牢，全凭手指的感觉和个人经验。要做出不同种类的竹制品会有不同层次的要求，每一片篾片剖的薄厚都会影响到成品的品质，因此使用在同一个部位的每一条篾片、篾条都要求薄厚均匀。而想要掌握这样的技术，至少要花上五六年的时间去学习摸索。

“一生学得艺在手，走遍天下能糊口。”徐永煌12岁时，拜村里的一位篾编师傅为师。刚当学徒的前3年时间里，他都是在学习修补各类竹编制品。3年期满后，学徒可以另找师傅继续学习技艺，俗称“过堂”。因为他的师傅待人有道，备受村民尊敬，所以徐永煌没有选择“过堂”，继续跟着师傅干了30多年。那时讲究一句话：“学徒晚上如果睡家里，手艺就会学不好。”所以哪怕和师傅在一个村里，徐永煌也一直睡在师傅家里。

早年做篾编是为了挣钱养家，现今，徐永煌做篾编全凭着一份特殊的感情。虽然前来定制或购买新篾器的人不多了，但徐永煌仍坚守着这门老手艺。他一天不摸竹子和篾刀，手就发痒。或许有一天，竹编这一行同打铁、补锅等传统手工艺一样，会走向消亡，但是老篾匠徐永煌身上那股辛勤、执着的工匠精神，将恒久地存在。

曾几何时，我们周围生活着许多手艺人，如木匠、铁匠、篾匠、花（雕刻）匠等。在如今快节奏的生活中，慢工出细活的手工匠人越来越少了。随着中国经济的转型，理性消费群体的增加，对个性化、高品质的产品需求开始增加，比如正流行的“私人订制”文化。一些传统的工匠可能会消失，比如铁匠、补缸匠等，但是另一些工匠因个性化需求和互联网的发展，开始越来越受欢迎，比如木雕匠、银匠等。

在 2016 年 3 月 5 日十二届全国人大四次会议上，李克强总理在政府工作报告上首次提出“工匠精神”，鼓励企业开展个性化定制、柔性化生产，培育精益求精的工匠精神，增品种、提品质、创品牌，引起了全国人民的讨论。“工匠精神”被概括为精致精细、执着专一，在浮躁时代坚守着一种情怀。曾经散落在中国大地的乡村匠人很好地诠释了工匠精神，新的匠人将会延续他们的坚守精神，实现其产品品质的提升和品牌的建设。

第三节　农村文化新现象

一、农村体育健身设施建设——运动有广场，就在家门口

近年来，湖北省保康县城关镇罗仕沟村村民每到傍晚都会去村委会健身广场运动一会儿，一些妇女则是组成团在广场上跳广场舞。遇到重要的节假日，村里还会举办一些趣味运动会，进行乒乓球、象棋、扑克比赛。这一风气的形成，得益于保康县受到省政府的财政支持，大力实施农村体育健身设施工程。“十二五”期间，保康县共投资 920 万元，建成各种体育设施场地面积 48.6 万平方米，全县 257 个村已实现体育健身器材全覆盖，真正实现了“家门口的体育生活圈”。农民群众在家门口就能锻炼身体，享受健身的乐趣，既打发了日益增加的农闲时间，也锻炼了身体。

2010 年以来，湖北省全面贯彻实施《全民健身条例》，加大体育设施建

村民在健身广场活动身体

设力度，广泛开展全民健身活动，加快湖北体育强省的建设步伐；组织开展“百万农民”健身活动和“体育下乡活动”；建立制度化的农村基层体育骨干指导培训体系，每年分级、分期、分批举办以农民体育健身活动为主要内容的专项体育指导员培训班。

《全民健身条例》是国务院于2009年8月19日颁布的，目的是促进全民健身活动的开展，保障公民在全民健身活动中的合法权益，提高公民的身体素质。

2013年，中央集中彩票公益金支持地方体育事业专项资金20亿元，主要用于支持农民体育健身工程、青少年体育健身活动等全民健身项目，资助公共体育场地建设和体育健身设施器材购置，改善地方特别是新疆、西藏和革命老区、贫困地区的体育设施条件，支持群众体育组织和体育队伍建设等。2016年，中央继续利用彩票公益资金支持农村室外健身场地设施建设和室内外健身器材购置，先从硬件上保证农村有可用运动器材，再逐步有效地管理和组织健身活动。

二、农家书屋——村民的“文化粮仓”

为满足人民群众日益增长的精神文化需求，西藏自治区自 2007 年以来，从丰富农牧民群众精神文化生活、建设社会主义新农村的大局出发，正式实施农家书屋（寺庙书屋）建设工程，在实践中走出了一条符合西藏实际的建、管、用相结合的路子。截至 2015 年 5 月，西藏已建立 5451 个农家书屋和 1700 多个寺庙书屋，覆盖全区所有建制村。

2014 年，西藏起草《西藏卫星数字农家书屋试点建设实施方案》《西藏卫星数字农家书屋试点建设战略合作协议》，为打造西藏卫星数字农家书屋建设奠定了良好基础。卫星数字农家书屋以数字化建设为手段，提高农家书屋的传播能力。

为让农牧民群众切实感受到读书的乐趣、享受文化生活，全区各地依托农家书屋平台，开展了丰富多彩的阅读演讲活动。山南地区新闻出版局充分

西藏自治区曲松县下落村的村民在农村文化书屋寻找农业书籍

利用农家书屋、寺庙书屋平台，在全地区范围内开展以“读一本好书、学一门技术、树一批典型、富一方百姓”为主题的全民阅读活动，推出的《致富之路》歌舞节目获得了全国“我的书屋·我的家”阅读演讲活动“最佳创意奖”。

农家书屋是为满足农民的文化需要，在行政村建立的、农民自己管理的、能提供农民实用的书报刊和音像电子产品阅读视听条件的公益性文化服务设施。2007 年 3 月，新闻出版总署会同中央文明办、国家发展改革委、科技部、民政部、财政部、农业部、国家人口计生委联合发出了《关于印发〈农家书屋工程实施意见〉的通知》，开始在全国范围内实施“农家书屋”工程。到 2015 年 4 月为止，中央财政累计投入已经超过 200 亿元，建成 60 多万个农家书屋。全国农家书屋藏书量达到 10 亿多册，从根本上解决了农村没有书、农民读书难问题。目前政府正在探索如何管理和利用好农家书屋，尝试给每个“农家书屋”配备管理员，努力更新让农民群众读得懂、用得上的书籍，涵盖家庭教育、科普生活、家电维修、种植养殖、文学名著、法制教育等十多个种类。农家书屋作为丰富农民精神文化生活的一项惠民工程，越来越受到农民的欢迎。

三、打工潮到返乡创业潮——农民工的“老板梦”

成都市金堂县竹篙镇是成都市“中等偏远”的乡镇之一。在20世纪80年代，该镇人均耕地不到 1 亩，农民收入来源相当匮乏。1987 年，为了解决当地人多地少、农民收入低的难题，竹篙镇政府领导赴沿海地区考察后，与东莞市厚街镇政府签订劳务合作协议，率全省之先，第一次有组织地“选送”了 50 名农民，到东莞市厚街镇的乡镇企业打工。到 1998 年，竹篙镇光是由政府组织的外出务工总人数累计达到 3.8 万人，接近当时全镇总人口的 80%。竹篙镇由此被当时的国内媒体称为“全国打工第一镇”。

16 岁的王红琼就是首批入选者之一。1988 年春节过后，这个小姑娘怀揣着外出挣钱的“大目标”，坐上了从成都开往东莞的火车。在东莞市厚街镇的乡镇企业里加班加点赶工时，她一直给自己打气：“挣够了本钱，就可以回家自己开店当老板了！”

2006 年，把握住中国西部经济蓬勃发展的脉搏，竹篙镇实施“农民工回

成都市金堂县竹篙镇王红琼的制衣厂年产值上千万，提供上百个就业岗位

引工程”，启动实施回乡创业小镇建设，对回乡创办企业的农民工实行税收减免、租金补贴等政策。农民工可通过向政府申请担保贷款或在政府协调下贷款。“回引”的重点对象，是外出的“五有”农民工——有一点技术、有一点资金、有一点营销渠道、有一点办厂能力、对农村还有感情。

2007年，打工在外的王红琼被“有组织地”引导返乡。竹篙镇自己的首批“返乡潮”比2008年国际金融危机引发的全国性“返乡潮”提早了一年。打工妹王红琼利用自己多年积累的技术在竹篙镇开了一个制衣厂。2014年，王红琼的金堂县竹篙镇锦州成衣厂年产值已上千万，为当地提供就业岗位近百个。竹篙镇和她一样返乡当上“企业老板”的外出务工者还有97个。到2014年年底，回到竹篙镇实现创业和就业的外出务工者已有近3500人，他们创办了各类工商企业1978家，其中私营企业98家、个体工商户1880余户。2014年的回乡创业总产值达到2.96亿元。竹篙镇因为从“打工潮”到“创业潮”的率先转型，被成都市经信委作为成都市的“回乡创业示范园区”。

竹篙镇的“创业返乡潮”是全国正在发生的“创业返乡潮”的一个缩影。

随着沿海地区面临产业升级转型以及国家开始大力支持内地发展，大量有一定技术和资金积累的打工者开始抓住适合的机会回乡创业，因此自2008年金融危机后，开始形成一股农民工“返乡创业潮”。据人力资源和社会保障部数据显示，2015年3月全国返乡创业的农民工有200万人左右。2015年6月，国务院办公厅印发《关于支持农民工等人员返乡创业的意见》，在大众创业、万众创新的新形势下，推动农民工等人员返乡创业。政府在五方面进行政策支持：降低返乡创业门槛；落实定向减税和普遍性降费政策；加大财政支持力度，对符合条件的企业和人员，按规定给予社保补贴等；强化返乡创业金融服务，对符合条件的给予优惠贷款政策；完善返乡创业园支持政策。

四、农村文化创意产业——打造新的经济发展模式

周窝村位于河北省衡水市武强县，全村共256户959人，居住用房297套。现在它已是有名的音乐小镇。政府对周窝村沿街店铺进行统一包装，新建音乐吧、咖啡屋、音乐饰品屋、专家别墅、音乐制作室等娱乐休闲场所。每年这里都会组织开展国内外音乐交流活动，如麦田音乐节、吉他文化节等，吸引国内外音乐爱好者来此聚会。

在2012年以前，周窝村仍然是北方一个相对贫瘠的村落，那么它何以转变为有特色的音乐小镇的呢？如今周窝人都是忙里偷闲种地，村民们自发成立了“农民乐队”“老男孩乐队”“高粱花乐队”，一有空就凑到一块“玩”音乐，种地反倒成了副业。周窝村村民之所以能“主副业颠倒”，是因为周窝村有两大优势：

（一）村庄规划建设有序，民居院落排列整齐，具有典型的北方民居特色。20世纪60年代，周窝村的老支书非常有眼光，当时就把村子规划为和、谐、富、国四区，房屋、院落由村集体修建，都是尖顶红瓦，不准私自搭建，主街两侧种满槐树，不准堆柴拴牛。后来虽有翻修，但村子的整体布局没有改变，保留了北方民居的独有风貌。曾经的规划为后来村庄进行音乐小镇建设规划带来很大便利。

（二）紧邻金音乐器集团，有良好的产业基础。该企业由1989年的一个小作坊逐渐发展成为产量位居世界第二、全国第一的西管乐器企业。该企业

周窝村凉爽的树荫下，本村和外地几位音乐爱好者聚在一起悠闲地演奏着

位于周窝村东北边，在金音的辐射带动下，周窝村乐器生产加工企业达到13家，从业人员3000多人。耳濡目染，周窝村人上至70多岁的老人，下至几岁的孩童，都能拿起乐器演奏一段。茶余饭后，农闲之时，村民们不再搓麻打牌，而是自发地聚在一起演奏乐器，切磋技艺。

为充分利用当地的特色资源，武强县政府和北京璐德文化艺术中心联合把周窝村打造为音乐小镇。周窝村的音乐文化氛围已经形成，也带动了当地的旅游餐饮业的发展，周窝村农民的人均年收入也已经超过了15000元，村民的生活质量和幸福指数伴随着音乐小镇的发展也在稳步提升。整个武强县的文化创意产业也赢得了大发展，2014年该县文化产业增加值达到9亿元，占全县国内生产总值的17.9%。

农村文化创意产业是当前正在兴起的文化创意产业的一部分，在全国各地已呈现出一种蓬勃的发展态势，比如浙江莫干山庾村文创产业园、北京通州画家村——宋庄等。随着经济面临转型，第三产业开始大发展，文化创意产业正在全国兴起。《2013中国文化产业年度发展报告》显示，2012年中国文化产业总产值突破4万亿元，成为中国经济的又一支柱产业，尤其在北上广深等一线城市，文化产业更是经济发展的支撑力量。党的十八大报告提出要大力发展文化产业，农村文化产业同样需要发展。2016年1月，国务院发布《关于推进农村一二三产业融合发展的指导意见》也为农村的文化创意产业迎来了发展机会。

生活篇

迈向小康新生活，日子越来越红火

导 读

改革开放30多年，是近代以来中国社会生产力发展最迅速、综合国力上升最快、人民得到实惠最多的时期，中国实现了由计划经济向社会主义市场经济的转变，由农业国向工业大国的转变。特别是经济领域，中国取得巨大进步，国内生产总值已经在2010年超越日本成为世界第二大经济体，人均国内生产总值从1978年的381元提高到2015年的5.2万元（按照13亿人口计算），经济的发展使得人们的生活水平也随之提高。

中国整体经济的发展使得广大农村也发生了巨大变化，特别是在中国进入“工业反哺农业、城市支持农村”的时期，农村开始获得大发展的机会。农业在现代化，农村在发展，农民收入在提高，这些变化我们可以通过许多宏观、微观数据进行观察，也可以通过政策文件方向变化看到。当然，这些进步同样可以在农村人平常的生活中找到影子，看到实实在在的变化。

改革开放初期的农村衣着色调和款式都很单一，基本是蓝、灰、黑，朴素是大家追求的标准。饮食多是自家种植的蔬菜和养殖的鸡鸭鱼，只有来客人或者遇到重大节日才会去城镇买一些食材回家。居住环境简陋且拥挤，父母一张床，子女挤一张床，孩子们大点了，男孩子和女孩子才分开睡。出行方式简单，基本是步行或者骑自行车，尽量不坐客运车，就是为了省钱。家庭用具除了锅碗瓢盆，可能会多一台缝纫机，便于制作衣服。

这些年，经济的飞速发展，外来商品和文化的进入，农村人的生活方式也跟着发生了变化，衣着越来越多样，饮食越来越丰盛，居住越来越现代化，出行越来越方便迅速，家用品越来越高科技。点滴的积累构成了今天巨大的变化。现今，富裕的农村家庭生活丝毫不差于中等城市家庭，住着小别墅，打理着菜园与花园，开着小车。这样的生活方式让部分城市人也开始羡慕起来，尝试逃离城市的拥挤生活，走进乡村。尽管这样的变化目前还很小，但是它改变了城市人对农村生活落后的一贯认识。随着中国小康社会建设进程的加快，农村致富奔小康目标正在成为美好的现实。总之，中国的农村在变，农村的生活方式在变，在往好的方向变，中国农民的日子越变越好。

第一节　衣

改革开放后，服装的花色、款式更加多样化，面料、质地也发生了很大的变化，告别了单一颜色、单一款式的朴素单调的时代。农村人现在基本没有自己做衣服的了，穿着打扮也开始讲究个性和多变，对服装品牌也开始感兴趣了。老百姓对衣着的讲究体现了农村人生活质量的提高。

一、改革开放前——蓝、灰、黑的海洋

改革开放前，城乡服装差异很小，除了农村一些地方的老人穿长袍，全国基本是蓝、灰、黑的海洋，那是个色彩单调、着装单一的年代。不爱红装爱武装，绿军装是年轻人的普遍追求，谁要是能穿上件绿色的军装，则觉得格外光荣。

那时老百姓是凭票买东西，买布要布票，并且每人每年的供应量是有限的。那时物资匮乏，“新三年，旧三年，缝缝补补又三年”是人们的穿衣习惯。许多普通农民家庭，大人小孩穿的都是打了很多补丁的衣服。男人一般穿“解放鞋”，女人多穿自己做的鞋，基本没有袜子。冬天穿的是自家做的很笨重的棉衣、棉裤，且保暖效果有限。过年是很多小孩子期盼的日子，因为条件允许的话，父母都会给孩子做件新衣服，寓意新年新气象。

那时，中国老百姓的衣服、被单的面料基本是棉布、麻布，很少有人去买成衣，家家户户拿上布票扯上布，回家自己做衣服。20世纪70年代中后期，农村流行一种叫作“劳动布”的深蓝色布料，是一种十分耐穿的粗斜纹棉织物。为了好看，姑娘们会把布料放到开水里烫一烫，目的就是要让布料掉色，

20世纪70年代北方农民劳动时的着装

变成浅蓝色。用烫过的布料做成衣服后，再把没有烫过的布料剪成方方正正的小块，缝在裤子的膝盖和屁股处，一是为了美观，二是为了耐穿。

到了20世纪70年中后期，中国大量进口化纤设备，引发了国人在“穿衣”上的革命。一种叫“的确良”的面料开始走俏，实际上，它就是我们今天所说的涤纶。“的确良”做的衣物挺括滑爽，耐穿易干，颜色艳丽，尤其是印染出的鲜亮色彩，对习惯了色彩暗淡的粗布粗衣的中国人来说，不能不说是一种巨大的视觉冲击。

二、改革开放后——多姿多彩

改革开放后，中国消费市场开始放开，买东西也渐渐不用票了。20世纪80年代，许多普通老百姓家庭也能够方便地买到“的确良”布料或者衣服了。喇叭裤、牛仔裤、西装、运动服、羊毛衫等开始在城市流行，到20世纪90年代以后，这些才渐渐在农村集市上见到。20世纪90年代，超短裙、职业套装、文化衫、健美裤、松糕鞋等开始在城市流行，农村地区并未大量出现。但是随着越来越多的农民工和年轻人到沿海和大城市打工，衣着也开始和城市人的衣着相接近。他们将一些比较时尚的衣服带回老家，逐渐改变了农村人的穿衣观念。

20 世纪 80 年代，农村人的衣服主要还是自己买回布料自己做，衣服破了自己补，特别是冬天穿的毛线衣、棉裤、棉鞋、布鞋，很少去集市购买。20 世纪 90 年代中后期，外出打工的人越来越多，有了一定的消费能力，而且越来越觉得做衣服麻烦，而且成衣可供选择的款式、种类越来越多，农村居民普遍开始选择购买成衣。

进入新世纪后，老百姓的购买能力进一步增强，打补丁的衣服在农村消失了。老年人、中年人依旧保持着节俭的习惯，很少更换新衣服。许多年轻人则将打工挣的钱先用来打扮自己，买不太贵的名牌服装。韩版的休闲服装，颇受中国年轻人欢迎。通过互联网，各种各样的服装样式在农村也能看到了。每个人服装的数量也大大增加，工作、休闲、走亲戚、旅游等都有相应的服装。

改革开放前和初期追求穿得暖，20 世纪 90 年代后期追求穿得体面，新世

1980 年初，贵州省凯里市的农村妇女在农闲时给家人织毛衣

纪年轻的农村人开始追求穿得时尚。穿着样式也在变化，20 世纪 70 年代颜色单一；20 世纪 80 年代晨曦微露，表现了改革开放初期服装变化对人们的观念的冲击；20 世纪 90 年代缤纷多彩；21 世纪乱花迷眼，随着老百姓生活水平的进一步提高，也会渐渐出现私人订制，更加满足农村不同人的衣着消费需求。农民的消费能力也提高了，从几年买不了一件衣服，到现在一年买好几套。

购买衣服的方式也越来越方便，曾经是骑自行车和摩托车到集市购买，后来是坐公共汽车或开车到县城的商场、专卖店购买，现今为了让农村老百姓和城市人一样实现在网上购物，政府投入专项资金逐步建起农村互联网基础设施，并和物流公司、电子商务公司联合开发农村物流市场，普及网上购物知识。最典型的是阿里巴巴农村淘宝的“千县万村”计划，既是为农村老百姓服务，也是在普及老百姓网上购物的知识，农村人在网上买衣服的也越来越多。

总之，服装是穿在身上的历史画卷，它历来是时尚变化最为灵敏的风向标，是一个社会、一个国家、一个时代最为鲜活生动的形象记录。它以非文本的

安徽省蚌埠市农村妇女围着农村淘宝店服务员，请她帮助购买衣服和日用品

方式记录着历史的变迁、社会的发展、文明的进步。农民是中国社会发展的主力军，也是这个时代最具有代表性的人物。我们可以从农民身上的服饰变化看到一个历史时期的文明程度。这不仅说明了服饰的发展与当时的经济发展程度脱不开关系，也与社会政治制度有着根深蒂固的联系。

第二节　食

民以食为天。“吃”从来都是头等大事。中国气候多样，各地都有自己的饮食特色，且不同年代，人们吃的东西、吃的方式往往大异其趣。因此，从人们“吃”的变化可以一窥时代的变迁。

一、改革开放前——饿

改革开放前，农村许多资源都被用于支持社会主义工业化建设，社会生

20 世纪六七十年代，北方农村过年必备的饺子

活物资在农村相当匮乏，"饿"是常听到的词，没有经历过饿肚子的人，也会听到、看到过饿肚子的人。大白菜、土豆、萝卜三样是老百姓桌上的常见的菜，荤菜对普通的家庭来说，一般是过节和过年才会见到。那时农村人到城市去消费，必须有粮票，所以要用自己分配的口粮先去换取粮票，再拿着粮票去消费。在一个饥饿的年代，吃饱饭是人们最大的愿望。这个时期，熟人见面打招呼都是问："吃了吗？"

二、改革开放初期——吃饱

改革开放初期，家庭联产承包责任制实行的时间不长，社会仍处于物质

20世纪80年代，南方农村人家的年夜饭

匮乏的状态，但老百姓收的粮食有了剩余提留，吃不饱饭的问题开始渐渐少了。在自然条件好的农村，吃饭已不成问题，过节时也可以吃上鱼、肉了。20世纪80年代后期，票证开始在一些地方慢慢被取消了，到了1993年全国正式取消所有票证，农村人到城市吃饭也没什么限制了。一些老百姓也开始将多余的蔬菜、肉拿到集市上卖。

三、20世纪90年代——吃好

20世纪90年代，一些地区的农村人开始由吃饱向吃好过渡，食材越来越丰富。过年的时候，农村人一般会到菜市场买一条大鲤鱼，做个整条的糖醋鱼，取“年年有余”之意；猪肉有多种做法，或是炖排骨，或是做红烧肉；青菜也是必备的菜，寓意永远年轻；年夜饭都是满满一大桌，一家人团聚在一起吃，非常热闹。农村的零食开始渐渐增多，比如西瓜泡泡糖、大白兔奶糖、麦芽糖、牛皮糖、辣条。到20世纪90年代末期，中国广大农村吃饱饭的问题基本解决。

20世纪90年代，普通老百姓家年夜饭桌上摆满鸡鸭鱼肉已不是新鲜事

四、现今——吃得健康

现今，中国人开始追求吃得健康，不再单纯地追求荤菜，开始讲究荤素搭配。农村不管谁请客，主人都会提前去镇上备好食材，饭桌上鸡鸭鱼肉样样有，白酒、啤酒、可乐等饮料也配备齐全。人们渐渐地发现营养开始过剩，老年人血糖开始变高，肥胖的孩子也开始增多。此时，尽管饭桌上荤菜最多，人们却开始注意少吃荤菜，多吃素菜，荤素搭配。此时，一些农村家庭不再养猪养鸡，也不再种菜园子，而是专心挣钱，吃的食材都去超市、集市购买。

过年了，一家人一起吃年夜饭，桌上荤素搭配有味道

五、未来——吃得精致，吃出文化

在江浙发达的农村地区，一些在农村居住的有文化的人，开始讲究吃的文化，探索和恢复传统的特色小吃，用其招待远方客人。这也将是农村饮食文化发展的方向之一，追求吃得精致，有文化韵味。

总之，改革开放前后，“吃”的变化也很大。过去物资匮乏，食物单调，人们的营养严重不足，有些农村地区甚至没有解决最基本的温饱问题。改革开放后，十几亿人的吃饭问题基本上得到了解决。人们不但能吃饱，而且吃得好，讲究营养均衡，粗细搭配。绿色食品等概念也日益深入人心，以前因粮食不够用来充饥的野菜、粗粮如今成为餐桌上的健康食品。改革开放三十多年来，中国农村经历了从吃饱到吃好的转变，现在正从吃好向吃得健康转变，未来必将开始注重本地特色饮食，追求吃的文化。

广为江浙人喜爱的扬州炒饭，起源于隋朝，又名为“金裹银”，属于中国六大菜系之一的淮扬菜

第三节　住

改革开放以来，中国经济快速发展，农村住房面貌出现了历史性改变。特别是进入新世纪后，由于稳步推进社会主义新农村建设，以前是三间茅房

一张床，如今农民家家户户住楼房。农村住房短短三十多年的变化让人意想不到，土坯变砖瓦、平房变楼房、散居变小区，沼气进厨房、电话进客厅、太阳能进浴室、互联网进书房、垃圾桶进村庄。延续上千年的土坯房、茅草房走进记忆，走进历史，成为传统农耕生活的一部分。中国南北地域差异虽然带来农村居民住房的些许差异，但是住房变迁的历史脉络是相似的。

一、20 世纪六七十年代——土坯房、茅草房

土坯房、茅草房是 20 世纪六七十年代农民住房的真实写照。土坯房就是四面墙壁都是用土做成的，中间是大大的木头构成的房梁，顶上是简易的瓦盖顶或者茅草顶。土坯房一般是农民自己建的，亲戚、邻居会免费来帮工，房屋建好后，主人会宴请大家，热闹一番。这样的房子屋内又暗又潮湿，天气好时，可以在外面煮饭菜，遇到天阴下雨，只好把生好火的炉子提进屋内，煮饭、炒菜时，房内不透风，充满了油烟味。那个年代，往往是一大家人拥挤在几间这样的小屋子里。

20 世纪六七十年代农村的茅草房和土坯房

二、20 世纪八九十年代——砖瓦房、平房

到了 20 世纪 80 年代，中国广大农村已经包产到户，农民有了自己的剩余粮食，生活有所改善。有的农民家庭儿子成年后会分家，儿子结婚后一般会在村子里找片地建自己的房屋。这时有条件的农民建起了红砖房，屋顶盖上瓦片。随着外出打工的机会越来越多，农民非农收入持续增加，他们将打

工攒下的钱，除了用于子女教育，就是改善居住条件，建起了红砖平房，楼顶盖上水泥板。这种房子极大地提升了农民居住的舒适度，冬天暖和了，夏天的雨季不会外面下大雨，屋内下小雨了，屋里也不会经常出现蜈蚣、蛇之类的动物了。

建于 20 世纪 90 年代初的普通农家的红砖瓦房

三、新世纪——楼房

到了 20 世纪 90 年代中后期，特别是新世纪初，大部分农民外出打工或者经商都有了一定的积蓄，加之，乡村公路的修建，许多农民家庭开始倾向

21 世纪初期南方多数农民的住房样式

于在公路边建造两层楼房，中间是客厅，两边是卧室、储藏室，二楼也是卧室，另外配一个院落，厨房、猪圈、厕所、仓库分布在院落一角。条件更好些的家庭会在外墙和室内地面都贴上瓷砖，装上宽敞大方的铝合金窗户，再挂上花边窗帘，整栋房子显得更漂亮、大方，村民也住得更舒适。

四、现今——小洋楼、小区房

现今，随着越来越多农民务工经商走上致富路，特别是沿海地区的农村，综合考虑到在城里买房和农村建房的成本，干脆在农村建起了小洋楼、小别墅，附近再开辟一片菜园或者一个池塘，过起了田园般的生活。近几年，随着新农村建设的推进，为避免农民无序建房，国家开始进行农村建房的规划，给一些新的村庄统一规划了一排排二层小楼，也有的村庄规划为类似于城市里的小区房，一般是4~5层高。厕所、洗浴间、厨房都和现代城市房屋的布局一样。还统一通上自来水、天然气，房外配上垃圾桶，一应俱全。也有的致富村民直接在家乡的镇上或者县城购买小区房，直接过上城市里的现代化生活。

江苏连云港赣榆区新农村住房

短短三十多年间，农村住房条件的变化无不反映了国家改革开放的成就。居住水平提高如此之快，既得益于农民随着国家的发展收入不断增加，也得益于国家近年来加大新农村建设的投入，不断改善农村基础设施，逐渐统一规划乡村建设格局，并对农村旧房、危房的改造进行大量补贴。如今农村已成为城里人羡慕的居住场所，空气清新，建房成本低，住宅可以建得很宽敞，再加上基础设施的完善，越来越多的乡村公路延伸到村里，拉近了城乡的距离，农村生活越来越方便。

第四节　行

随着经济的快速发展，社会节奏不断加快，人们需要更加便捷的出行方式，因此推动了交通的飞速发展，各类交通工具像雨后春笋般涌现，中国大地正在发生一场悄无声息的“交通革命”。一般来说，新的交通工具先出现在城市，普及到一定程度再波及农村。

一、20 世纪六七十年代——马车、牛车、步行

20 世纪六七十年代农村人用马车运输

那时是大集体，马、牛这些可以帮助劳动和生产的牲畜基本归人民公社管，生产队有事外出时会用到这些牲畜拉的车，老百姓可以搭“顺路车”，否则只能步行。通常北方用马车，南方多牛车。村民如

果有急事，可以向生产队申请，经批准后就可以使用生产队的车。而那时的农村人除了外出办事和包工时外出，与外界交流很少。20 世纪 70 年代末期，一些农村地区开始出现自行车。那时，谁要是拥有一辆自行车，就是一件非常骄傲的事。

二、20 世纪 80 年代——自行车、手扶拖拉机

20 世纪 80 年代，农村的自行车越来越多。这时的农村青年结婚时，自行车与缝纫机、手表并称为“三大件”，通常是必不可少的。此时，摩托车在城市已经增多，但是农村很少，如果哪家有辆摩托车，那种感觉就像现在拥有一辆比较高档的小轿车一样，令人羡慕。农村自行车的普及，使得中国真正成为“自行车王国”，当时比较高档的自行车是上海的永久、凤凰，天津的飞鸽，能拥有其中的一辆，也是令人羡慕的事。

20 世纪 80 年代的农民骑自行车出行

实行家庭联产承包责任制后，因为农业生产的需要，一些家庭购置了农用手扶拖拉机，这既方便了农业生产，也减轻了人们出行的劳累程度。在农村，每逢春节拜年，不分男女老幼，满满一车人挤在一起，欢欢喜喜去拜年，成为当时乡间土路上的一道独特的景观。

出远门的交通工具一般是火车、长途汽车、轮船，然而农村人都得到县城或者大一点的城市去乘坐，除了外出打工者，农民与外界的交往仍然不是很多。

三、20 世纪 90 年代——摩托车、客运车

20 世纪 90 年代中后期，随着外出打工、经商的人的增多，农村的摩托车开始多起来，乡村的一些主干道也都陆陆续续铺上沙子和小石子，使得下雨天泥水少了许多。此时，农村一些主干道上渐渐有了往返于县城的客运车。摩托车和客运车的增加，极大地方便了人们的出行，增加了人们到县城的次数，也使得城镇的集市更加繁荣。但是对于外出打工的人，坐火车和长途汽车是一个大问题，一是转车次数多，二是每到春运期间，一票难求，特别在沿海地区打工的人，买不到回老家的票，只能在外地过年，这是很普遍的事。

重庆永川的魏先生于 1993 年 8 月买的摩托车

四、现今——三轮电动车、私家车

新世纪，农村第一代农民工的子女也开始进入打工者行列，他们对新知识、新事物的接受能力更强，消费能力也更强。两代人一起打工，增加了家庭的

进入新世纪，农村人买小汽车的也越来越多

积蓄能力，从而增加了改善家庭消费的能力。另外，国家在加快高速公路等干线公路网建设的同时，从 2003 年开始实施了县际和农村公路改造工程，许多乡村修建了水泥路和柏油路，新修的公路甚至直接通到一些农户的家门口。

2008 年金融危机后，国家实行家电下乡、摩托车下乡、汽车下乡工程，对购买者给予一定的补贴，这些优惠措施，刺激了农民对摩托车、私家车、小货车的购买。如今，摩托车在农村已经很普及，小汽车的购买量这几年飞速增加，年轻人结婚时，彩电、冰箱、空调已不是首先考虑的问题，丈母娘一般会先打听男方是否有能力买商品房和车子。农村小轿车的增加，使得每到春节，中国的一些乡村公路都会出现堵车的现象。这让当地的乡村公路规划师感慨，中国经济的发展太快了，道路的规划建设赶不上人们买车的速度。此时，农村兴起了一种针对中老年用户的三轮电动车，便于他们开车接送孙子孙女去乡镇上学，也便于上街赶集，同时便于运输农具、农资到田间地头。这种三轮车在平原地区的农村越来越普及。

农村人出市、出省的能力也极大地增强了，市、县、乡三级公路网络体系完善，乡村客运、县到市的公交基本普及，市到省会城市的火车、汽车趟数增加，且动车、高铁将出行时间大大缩短。跨省出行也因火车、汽车、飞

流行于 20 世纪 90 年代的绿皮车

新时代的中国高铁，展示了中国速度和中国创造

机的连接更加方便。

农民承担交通费用的能力也增强了。这些使得农民与外界的联系极大地增强了，甚至改变了常年在山区农村生活的不识字的老年人，他们以前可能两三个月去一趟城镇集市，一大早出门步行四五个小时，中午买了东西，又匆匆忙忙往回赶，回到家天已黑了。如今，他们只需要花不到10元钱坐上乡村客运车，不到一个小时就到了城镇。方便的交通拉近了乡村与城镇的距离，使得乡村居民随时都可以去赶集。一些有点文化和经济条件好些的农民，甚至开始坐飞机出国旅游。

总之，三十多年的经济发展，让任何一个经历了建国初期到新世纪的生活变化的老人都会无限感慨。中国正在悄悄地发生一场“交通革命”，将城市与城市、乡村与乡村、城市与乡村联系得越来越紧，上千年那种“日出而作，日落而息，鸡犬相闻”的乡土社会生活开始改变，出行方式和交通工具的快速发展，加上互联网信息交流的发展，让人与人之间的交往更加频繁，互动范围更加广大。这一场“交通革命”正在快速缩小城乡之间的生活差距以及思维方式的差异。

第五节　用

经济的发展带来了老百姓收入水平的提高，富裕起来的百姓装饰了房子后，开始改进家用产品，提升生活的品质和舒适度。农民家用产品的变化可以通过家电产品和通讯设备的使用变化反映出来，随着农村人与城市的交往越来越频繁，许多城市人拥有的家用产品，在农村也很快普及开来。

一、20世纪六七十年代——少有家电

20世纪六七十年代，农村的家庭布置很简单。家具基本就是床、桌子，照明用品是煤油灯、柴油灯和蜡烛。那时农村家庭用电的很少，电主要用于大队生产和办公。

20 世纪六七十年代，普通农民家基本没有电，只有煤油灯照明，更无家电

二、20 世纪八九十年代——黑白电视机、收音机、电风扇

20 世纪 70 年代末期，极少数农村家庭开始购买黑白电视机、收音机、电

20 世纪 80 年代流行的收音机

风扇。收音机基本开始普及，电风扇也渐渐出现在农村。那时谁家有一台黑白电视机，方圆几里的人都会知道，路过的人都想去那家瞅一眼。渐渐地，随着老百姓有了积蓄，以及一些外出打工的人，回家会买上一台黑白电视机。特别是年轻人，有了黑白电视机，娶媳妇也更有自信了。一些家庭会省吃俭用半年，将省下的钱来买一台电视机。遗憾的是，农村经常停电，甚至停半个月的都有。那时一些有电视机的家庭，一遇到好看的电视剧，经常满满一屋子的人。夏天，村民在院子里看电视，没电视的家庭就会加入，围在一起看，小孩子们看累了，就在旁边玩游戏。直到很晚，主人要休息了，大伙儿才各自搬着自家的椅子，迎着满天繁星和飞舞的萤火虫，向家走去。这种场景成了许多人美好的记忆。

三、20 世纪 90 年代末期——彩色电视机、空调、冰箱、手机

农村人围在一起看电视的情景等到 20 世纪 90 年代末期彩色电视机在农村开始增多才渐渐消失。那时，没条件买彩色电视机的家庭也能够买黑白电视机了。彩色电视机一下子提升了人们看电视的品质，这时农村停电还是会发生，只是不那么频繁了。手机开始出现在农村人的视野里，特别是外出务工、经商的年轻人，既是为了工作需要，也是为了赶时髦。空调、冰箱通常是年轻人结婚时必备的家电。农村不仅仅只是用柴灶做饭，一些家庭开始用煤气灶、电锅炒菜做饭，煤炉作为辅助的烧水、蒸菜用具。

20 世纪 90 年代的彩色电视机和新世纪的彩色电视机

四、现今——液晶电视、自动洗衣机、电脑、智能手机

现今，工业开始反哺农业，城市开始支持农村，村村通、户户通、电网改造、饮水安全工程、燃气工程等，极大地改善了农村的基础设施。另外，家电下乡工程，使更多的老百姓有能力为家庭添置家电设备。冰箱、空调、自动洗衣机、大屏彩色电视开始在农村普及，有条件的家庭还会添置太阳能热水器。手机也经历了从翻盖、滑盖、直板，到触屏、智能的变化，电子产品的使用和城市人没有差别了，只是在品牌和档次上有所差异。

如今农村年轻人结婚，都会购置一套新的家电，如空调、冰箱、液晶电视、电脑等。厨房里的炊具也增加了煤气灶、电磁炉等，所以，对于一些设备俱全的农村家庭，柴火灶、煤炉、煤气灶、电磁炉，想用哪个就用哪个。

互联网的普及更是在悄然改变着农村的生活方式。随着农村通信设施的不断完善，农村信息化快速发展，互联网深入乡村带来的变化是潜移默化的。在近两年的微信红包和支付宝红包的广泛使用下，许多农村人的跨年方式从看“春晚”变成了摇一摇、集五福，互相的问候从“你吃过了吗？”变成了“你摇到了吗？”

农民通过互联网来购买生活用品已经越来越多，从当地有什么买什么到

甘肃省天水市清水县秦亭镇赵尧村一对青年人家庭的内部摆设

四川省眉山市彭山区第二小学多媒体教室内，66 岁的江口镇双江村柑橘种植大户管同华在老师的指导下学电脑

想要什么上网买，从土特产等人来买到上网主动寻找买家。上网浏览新闻、玩网络游戏、看电影、听音乐、看小说成为越来越多农村人的休闲方式。特别是随着智能手机的普及，手机娱乐正在“侵占”农村移动互联网市场。农村居民对于新闻资讯、小说、微博、购物网站、生活服务网站、地图、音乐、视频、图片、博客、游戏、社交等应用程序的使用率越来越高。

总之，改革开放三十多年的家电、通讯设备的消费历程，对于广大农村消费者来说，是从数量上实现了从无到有，再到极大丰富的过程；从品种、功能上实现了从单一到多品种、多功能的转化；从价格上实现了从买不起到不但买得起而且不断更新的转变。

村容篇

爱护村庄环境，建设美丽家园

导 读

村容整洁，是建设社会主义新农村的重要部分，也是构建和谐社会的重要一环。走进村庄，不一定要小桥流水、莺歌燕舞、花香袭人，但一定要道路干净、屋舍俨然、卫生整洁。改革开放初期，传统农耕生活依然是农村生活的主旋律，工业垃圾少，生活垃圾回归自然，粪便还田，良性分解。农家庭院农具齐全，空间充分利用。水净天明，繁星满天。屋舍随地形自然分布，看似杂乱，实则错落有致。这样的村庄让很多人魂牵梦萦。

随着经济的发展，农村也开始受到工业文明的洗礼，特别是在有工业的村庄，道路硬化了，但是水渠里的水不再清澈了，村庄的宁静被工厂的轰隆声打破。越来越多的工业垃圾进入村庄，比如塑料袋、牛奶盒、饮料瓶、礼

农村的垃圾满地都是

清晨，农民自发相约打扫公路两旁的垃圾

盒等，老百姓依然采用过去处理生活垃圾的方式将其倒在家门口，几个月后烧一次，这种方式导致垃圾满天飞，难以分解的垃圾也污染了的土壤。传统茅厕的弊端越来越不适应现代的生活方式，粪便处理不好的话，每到下雨天就会到处流。一些地方的饮用水受到了污染，地下水的质量开始下降。相比曾经的土路，水泥路越来越普及。村民开始不仅仅追求庭院的干净整洁，也开始追求漂亮雅观。传统古村落随着年轻人的外出被渐渐遗忘，也被外界渐渐忽略，其隐藏的价值却越来越珍贵。

伴随着生活水平的提高，老百姓对自身居住的村庄环境的保护意识开始提高，对居住的环境要求也提高了。改变农村脏、乱、差的现象，让村庄成为适合居住的地方，是他们的渴望，这也成为政府和社会共同努力的目标。最先是在东部沿海发达地区，地方政府寻找解决之道，让村庄旧貌换新颜。

如今，政府已在全国开始大规模进行村容改善与整治，在村容整治、垃圾处理、改水改厕、乡村庭院美化、传统古村落保护、美丽乡村建设等方面进行了大量的努力，通过政府专项资金、政策指导，帮助广大农村居民改善村庄环境，力争让老百姓生活在一个道路硬化、村庄靓化、环境美化、房屋干净的美丽村落里。

第一节　村庄环境整治

一、村容整治——让村庄旧貌换新颜

桃北新村位于浙江省杭州市萧山区浦阳镇，全村共有 1048 户 3472 人，区域面积 4.53 平方千米。桃北新村生态环境优美，旅游资源丰富，交通便捷，历史文化积淀深厚。

近年来，随着萧山新农村建设的不断深入，涌现出一批各方面都走在前列的村庄，桃北新村就是其中的一个典型代表——引进社会资金进行村庄旅游开发，以大项目带动村庄整体建设，在新农村建设史上首开先河。桃北新村白墙黑瓦的典型江南农居住宅风格和小桥流水人家的人居环境，使其成为新农村建设中崛起的一颗闪亮的明珠。

自 2004 年起，在区镇两级政府支持下，桃北新村与浙江登峰集团开始正式携手共建，依托村里现有的特色和资源，借助企业资本，共同开发大型三产项目——桃花源休闲度假旅游村（整个项目总投资 20 亿元），并将实施休

浙江桃北新村整洁的村容

闲度假旅游与农民人居、创业就业和文化传承相融合，通过对旧村庄进行拆迁重建，集约和盘活土地，充分挖掘新的经济增长点，走出了一条“旅游项目带动人居工程，人居工程反哺旅游项目”的创新之路。

桃北新村的村庄建设，是一次由传统村落向现代村庄的华丽转身。在硬化道路、绿化环境、消灭露天粪坑、建设公厕、收集垃圾、完善村庄废水排放系统、疏浚沟渠、池塘清淤的同时，分三期建成一批双联排屋和多层、小高层住宅，可安置农户1200余户。新村绿化覆盖率45%以上，人均公园绿地面积25平方米。村庄先后被列入浙江省首批“千村示范、万村整治”试点村、省市“全面小康建设示范村”，被列入省地“节能环保型国家康居示范住宅”示范工程。

村容整洁作为国家社会主义新农村建设的一项基本要求，是展现农村新貌的窗口，是实现人与环境和谐发展的必然要求。社会主义新农村呈现在人们眼前的，应该是脏乱差状况从根本上得到治理、人居环境明显改善、农民安居乐业的景象。这是新农村建设最直观的体现。

全面建成小康社会，农村是重中之重，其中农村环境治理既是重点，也是难点。自2008年国家实行“以奖促治”政策以来，环保部、财政部先后出台十余个规范性文件，召开4次全国现场会，安排农村环保专项资金315亿元，指导和推动各地开展农村环境连片整治。截至2014年年底，全国5.9万个村庄已开展环境综合整治，直接受益人口1.1亿多人。“十三五”期间，环保部将新增完成13万个建制村的环境综合整治，并结合中国的经济社会发展水平、自然禀赋差异和农村环境状况，在全国选择10个左右的县（市、区）开展农村环境保护体制机制综合改革与创新试点，并及时总结典型做法与经验在全国加以推广。

二、垃圾处理——开展生活垃圾集中处置，共建卫生文明新农村

安徽省来安县地处皖东，与南京毗邻，交通便利，区位优越。县域总面积1481平方千米，辖12个乡镇、130个行政村、2927个自然村庄，各类道路里程约3000千米，总人口51万，其中村镇人口约40万。来安县城乡日产垃圾200吨，有垃圾中转站15个（其中农村11个），生活垃圾平均运距为

50千米。生活垃圾均统一送至滁州市垃圾焚烧厂进行无害化处理。

“垃圾靠风刮，污水靠蒸发，晴天一身灰，雨天一身泥”曾经是集镇、乡村的普遍现象和真实反应。来安县县委、县政府按照“全县统筹、分级管理，乡镇主体、村为单位”的工作思路，采取“市场运作、政府主导、村民参与”的工作方法，建立健全了环卫保洁新机制。以“三有六无”（有一支专业化的环卫保洁队伍，有一整套布局合理的环卫设施设备，有一整套行之有效的治理工作机制；无暴露垃圾，无水面漂浮物，无乱贴乱画，无乱堆乱放，无污水横流，无杂草丛生）为目标，分步推进，建立了“户分类、组保洁、村收集、镇转运、县买单、市处理”的农村生活垃圾收运处置机制，与打造“皖东洁净县城”工作同步进行，实现城市、乡镇、村庄环境卫生治理工作一体化、全覆盖。

2014年11月18日，住房和城乡建设部在全国农村生活垃圾治理工作电视电话会议上，就推广来安县农村生活垃圾收运模式作重要部署。党的十八

来安县在各村设立的垃圾收集点

大报告把生态文明建设放在突出地位，融入经济建设、政治建设、文化建设、社会建设各方面和全过程，努力建设美丽中国，实现中华民族永续发展。“绿水青山就是金山银山”，建设美丽中国必须有优美的自然环境和生态条件，对于乡村来说，必须改善原来“脏乱差”的环境，对垃圾进行分类回收处理，提高资源的利用率。

目前中国农村生活垃圾治理工作还处于起步阶段。2015 年，中国农村约有 6.5 亿常住人口，一年产生生活垃圾约 1.1 亿吨，其中有 0.7 亿吨未作任何处理。自 2014 年 11 月，住房和城乡建设部组织召开全国农村生活垃圾治理工作电视电话会议，启动了农村生活垃圾 5 年专项治理项目，使全国 90% 村庄的生活垃圾得到治理。通过多种渠道筹集资金，引入市场机制，鼓励村民参与，通过“村规民约”等突出农民在垃圾治理中的主体地位，充分调动农民在农村环境保护及治理中的主动性和积极性，进而有效解决农村垃圾处理问题。

三、改水改厕——改水改厕一小步，健康卫生一大步

湖南省永州市冷水滩区上岭桥镇明塘村农家小院里祖祖辈辈沿用的露天、简易厕所正在退出历史舞台，不少老百姓用上了封闭、清洁又经济的水冲式厕所。

以往每到夏季，由于天气炎热，农村传统的茅厕臭味难闻，蚊虫滋生，不仅影响了环境，还容易引发各种疾病。为切实改善农村环境卫生，提高广大农民群众的生活质量和健康水平，明塘村村委会逐户进行发动，在村内大力开展卫生科普知识宣传，并坚持先拆后改，与村民签订了三格化粪池厕所建设协议。村里还选派村民代表到周边村考察学习，让村民代表看到了改厕的实效，并邀请专业技术人员在村委会建设了三格化粪池结构的示范公厕，达到无臭味、无蚊蝇的卫生标准，而且粪便实现无害化处理，可直接用于农田施肥。村民使用过示范公厕后，感觉很好，纷纷主动找到村干部，找施工队要求改造自家厕所。

近几年，永州市改水改厕工程已取得成效。大部分县区已经划定农村集中式饮用水水源保护区，完成了 500 人以上的农村集中式饮用水水源调查，

依法拆除或关闭集中式饮用水水源地的排污口。全面实施农村改水改厕工程，累计建成卫生厕所 75.212 万座，普及率为 53.75%，农村无害化卫生户厕 14.1 万座，普及率为 18.75%。全市已全面完成“禁养区、限养区、适养区”划定工作。投入资金 1530 万元，新建粪污处理设施 1.1 万平方米，新建沼气池 2300 立方米，添置粪污处理设备 160 台（套），完成禽畜养殖污染治理工程总量的 50% 以上。永州市还在全市范围内开展农村工业污染隐患大排查工作。

改善村民饮水质量和厕所卫生，对于提高农村公共卫生水平，保护农村群众身体健康，减少疾病，改善农民生活环境和农村投资环境，具有重大意义。2009 年，卫生部发布《2009 年农村改水改厕管理方案》，自此国家开始开展重大公共卫生服务项目农村改水改厕项目。中央财政资金对农村无害化卫生户厕建设、已建农村饮水安全集中供水工程水质卫生监测给予专项补助：农村无害化卫生户厕建造，中央财政补助资金用于无害化卫生厕所地下部分建设。地下部分应包括贮粪池、便器、厕屋地面（脚踏预制板），并从全国爱卫办推荐的三格化粪池、双瓮漏斗式、三联式沼气池、粪尿分集式、完整

工人正在进行化粪池的建造

下水道水冲式、双坑交替式等6种厕所类型中选择适宜类型。对已建成的农村饮水安全集中供水工程进行水质卫生监测，中央财政补助资金用于水样水质检测。

截至2013年，中央财政共投入82.7亿元补助农村改厕工作，各地以中央补助资金为先导，采取“国家补一点、集体拿一点、个人出一点”的原则，多方筹措改厕资金，提供经费保障。天津市建立了市、区县、乡镇、村、户五级改厕投资体系。重庆市、海南省平均每个卫生厕所补助约1000元，其中地方各级财政投入约占50%。

四、院落卫生整治——村民齐动手，共建美丽家园

四川省都江堰市通过开展“院落卫生整治”活动提升农村村容村貌。在具体推进过程中，鼓励群众主动参与道路、沟渠、院坝等“填平补齐”整修，村道、通户道路等硬化整治，引导群众实施农村“四改”（改水、改厕、改厨、改圈），并推广“清洁之家”“最美院落”“美丽院落流动红旗”等评比激

群众积极参与“院落卫生整治”行动

励机制，激发群众参与院落自治管理的主动性和积极性。

通过积极参与全市开展的“院落卫生整治”活动，都江堰市天马镇仙鹤社区的蒲家院子实现了从“问题院落”到“文明院落”的华丽转变。过去村里“脏乱差”，大家已是见怪不怪，但就是没有人愿意去清理。村民经常路过的蒲家院子是垃圾成堆、杂物乱放、蝇虫肆虐。当地干部和群众特意将政府下发的宣传横幅“卫生关系你我他，齐抓共管靠大家”挂在了垃圾最多的地方，形成鲜明对比。

经过整治，蒲家院子现在庭院错落有致，清幽整洁，院墙上处处是充满诗情画意的绘画；蜿蜒幽静的健身路两旁，树木蓊郁，鲜花吐芳；稍加点缀，更显川西农家小院特色，漫步其间，静心凝神，定能感受到浓浓的乡土文化气息。

四川都江堰市村委发动村民参与“院落卫生整治”活动，创新了农村环境整治工程的工作机制，真正发挥了群众的力量。近年来，随着村民环保意识的加强，保护村庄环境的呼声也越来越高。环保部大力倡导并支持地方进行村庄院落卫生环境整治工作，在环境整治的基础上，继续深入开展以改善群众居住环境质量，共建清洁美好家园，化解基层矛盾为主题，扎实推进院落环境整治工作。

五、秸秆禁烧——提高综合利用效益，还农村一片蓝天

河南省郸城县是一个典型的农业大县，是国家级粮食生产先进县，耕地面积 160 多万亩，年粮食产量 10 亿千克以上，每年至少产生农作物秸秆 15 亿千克以上。大量的秸秆一烧了之，是当地农民最简单、也最普遍的处理方式。大量焚烧秸秆，不仅造成环境严重污染，资源浪费，甚至会引发火灾，给村民带来财产损失。然而，许多工作治标不治本，许多年来政府年年禁烧，秸秆却又年年被烧。

2014 年夏季，河南省郸城县结合群众路线教育实践活动，组成专题工作组，深入田间地头，问计于民，宣传引导，采取了政策驱动，产业带动，服务推动的办法，千方百计为农作物秸秆找出路，一举扭转了焚烧秸秆积重难返的陋习，成功探索出了秸秆综合利用、变废为宝的“四大路径”：集中回收，

郓城县采用的新型秸秆打捆机

统一外调；就地加工，再生利用；氨化青贮，变为饲料；秸秆还田，改良土壤。

焚烧秸秆危害极大，是国家法律所禁止的行为。1999 年 4 月 12 日，为保护生态环境，防止焚烧秸秆污染环境，保障人体健康，维护公共安全，国家环境保护总局联合农业部、财政部等多个部门发布《秸秆禁烧和综合利用管理办法》，严禁在秸秆禁烧区焚烧秸秆，要求禁烧区以乡、镇为单位落实秸秆禁烧工作，并要求将秸秆禁烧作为村务公开和精神文明建设的一项重要内容。对于违法焚烧秸秆的责任人，可以处以罚款的惩罚或依法追究刑事责任。禁烧工作开展多年来，已经取得了重要的成就，许多地区通过开展秸秆还田、秸秆饲料开发、秸秆气化、秸秆微生物高温快速沤肥和秸秆工业原料开发等秸秆综合利用项目，不仅秸秆焚烧现象少了，生态环境得到了保护，大气质量有了很大的提高，还取得了一定的经济效益，农民收入也有所提高。

第二节　引进新能源

一、农村节能建筑——省一点能源，多一点资源

2013年8月下旬，西安依然闷热难耐，可是走进被大片绿色玉米地包围的西安市首个农村建筑节能示范村——高陵县东樊村村民家中，感受到的是丝丝凉爽。74岁的雷英元站在自家门口高兴地说:“我们的新房子都穿上了‘保温衣’，夏天不热，冬天不冷，还能天天用太阳能热水洗澡，好得很，非常感谢省市县政府部门开展的建筑节能示范项目。”

“土坯房”“热炕头”“房里房外温度一样”是农村居住环境的一个普遍现象。农村建筑量大面广，节能效率远远低于城市建筑。由于广大农村地区经济基础薄弱以及受传统习俗等因素制约，农村房屋墙体普遍以黏土实心砖（部分为土质）为主，外窗采用木制、钢制和铝合金的较多，且外窗的玻璃大部分是单层玻璃。另外，屋面也没有任何保温措施，所以，造成了室内的热量散失较大。统计资料表明，冬季农村室内平均室温与城市房屋的平均室温相差10℃~15℃，但要想达到城市室内的平均温度，农村用能要高出城市用能的1.5~2倍。冬季，北方农民在室内也要裹上厚重的棉衣、棉裤，群众形象地称为“屋里屋外一张皮”。

为了改善农村住宅环境，提升农民生活、居住水平，从2010年起，西安市城乡建设委员会在西安市市委、市政府的正确领导下，在陕西省住房和城乡建设厅的具体指导下，积极开展了农村居住建筑节能示范项目建设工作，创造性地把建筑节能工作延伸到了农村，其中省市共建建筑节能示范村两个，建筑面积达121034.7平方米，享受了省市政策性补助奖励544万元，544户农民受益。市级建筑节能示范村一个，建筑面积37177.38平方米，160户农民受益。这些居住建筑通过科学的节能设计和施工，外墙砌筑了37厘米厚的多孔砖，外窗采用了塑钢中空玻璃窗，屋面增加了挤塑聚苯保温板，每户加装了一台太阳能热水器，实现了农村居住建筑质的变化和突破，冬暖夏凉的建筑节能效果深受广大农民朋友的欢迎和肯定。

同样是盖房，使用节能保温措施盖出的房子就大大提高了居住者的舒适度。新农村建筑节能住宅的建设主要体现在墙体材料的革新以及可再生能源的使用上，具体来说有以下几点：首先，在墙体材料上，全部使用节约土地资源的黏土多孔砖来替代黏土实心砖，这种黏土多孔砖不仅具有保温的功效，而且有很好的隔音降噪效果；其次，对最易散热的外窗全部采用传热速度慢的中空塑钢窗，这样既增加了外窗的气密性、水密性和抗风压性，又隔绝了室内与室外的空气对流，避免造成能量损失；再次，屋面进行节能保温处理，在传统施工工艺的基础上增加保温材料，最大限度地抵御冰雪融化和阳光暴晒的影响；最后，同步设计、安装太阳能热水系统，充分利用可再生能源，节约了资源，减少了排放。

63 岁的村支书雷登弟已体会到新建节能住房的好处，室外太阳高照，气温达到 36℃时，走到自己的新居中，室内温度只有 28℃，而在没有采用节能措施的普通办公房中，室内温度显示为 33℃。他的亲身经历证明，建筑物如

改造后的房屋，冬暖夏凉，太阳能还能节省近 1/3 的电费

采用实心砖，不仅费料，而且不保温，极易散热。

加强农村建筑节能工作是建设社会主义新农村和新型城镇化的重要内容，是节能减排工作不可忽视的重要领域。提高农民住宅水平，营造出一个健康、舒适的农村建筑室内环境，西安市城乡建设委员会在这方面做出了积极的实践。

2014年，住房和城乡建设部、国家发展改革委、财政部联合下发通知，明确2014年中央补助标准为每户平均7500元，在此基础上对贫困地区每户增加1000元补助，对陆地边境县边境一线贫困农户、建筑节能示范户每户分别增加2500元补助。要求建筑节能示范地区各县要安排不少于5个相对集中的示范点（村），有条件的县每个乡镇安排一个示范点（村）。每个建筑节能示范户要采用两项以上的房屋围护结构建筑节能技术措施。省级住房和城乡建设部门要及时总结近年建筑节能示范经验与做法，制定和完善技术方案与措施；充实省级技术指导组力量，加强技术指导与巡查；及时组织中期检查和竣工检查，开展典型建筑节能示范房节能技术检测。县级住房和城乡建设部门要按照建筑节能示范监督检查要求，实行逐户施工过程检查和竣工验收检查，并做好检查情况记录。建筑节能示范户录入信息系统的“改造中照片”必须反映主要建筑节能措施施工现场。

二、农村沼气工程——一家中一个沼气池，干净节约无污染

“这沼气实在好，卫生、方便、安全、实惠。”西藏山南琼结县拉玉乡拉玉村村民琼达在家里边打开沼气灶烧水边向客人介绍，“自从用上沼气后，房前屋后干净了，沼气池给我们带来了‘朝气’和‘福气’。”

琼结县的琼达家能使用上沼气，得归功于琼结县政府在拉玉乡的沼气项目。2006年起，拉玉乡开始科技示范，2007年大规模推广，到2009年大多数农户家里已经用上了沼气。做饭不用柴，照明不用电，沼气使用卫生又方便，群众齐称赞。沼气池的修建，不仅节约了能源，增加了收入，而且使村庄的面貌焕然一新。

琼结县加麻乡金珠二村的西措姆是沼气工程的另一个受益者，政府资助他建成了沼气池，使他家每年节约燃料费1000多元。他家以前烧柴火做饭，

农牧民用上了节约无污染的沼气

烟熏火燎，到处是灰，既不卫生，又费时费力。现在做饭烧茶时，开关一拧，蓝色火焰就喷出来，火力强，省时省力，再也看不到黑烟了，十分方便洁净。

沼气项目的实施，不仅改善了当地村民的生活条件，而且促进了村民的增收节支。农牧民利用沼气发展养殖业和蔬菜种植业，用沼渣、沼液种植的瓜菜又香又甜，还能卖上好价钱。

琼结县实施的农村沼气工程反映了西藏农村沼气工程的成果。西藏从2007年开始大力发展农村沼气池建设工程，提出了发展农村沼气，建设生态家园，促进可持续发展，建设节约型社会的目标，并制定了《西藏自治区“十一五”农村沼气建设规划》。这一项目开始在西藏日喀则、山南等农牧民较多的地方进行试点。随着工程的深入，百姓认识到了清洁能源建设不仅可以节省以前拣牛粪、砍柴等的人力投入，还可以让农户的厨房更加干净明亮。根据西藏自治区能源研究示范中心测算，建造一座10~12立方米的沼气池，可为3~5口人的家庭每年节约2吨左右标准煤。

农村沼气工程是一项民生工程，绿色环保，节能高效，为人类的环境做出了重大贡献，给百姓生活带来了巨大改变。从2003年起，中央把农村沼气列入生态家园富民工程，并作为国债项目进行扶持。特别是2009年起为拉动内需，以沼气为重点的生物质能发展作为为民办实事、发展循环农业和建设社会主义新农村的重要举措。进一步加大资金投入，各级地方政府出台了配套政策，从资金上进行重点扶持，减轻农民负担。比如，户用沼气，从2003年起中央补助每户800元；到2011年中央补助提高到每户1600元；禽畜养殖场大中型沼气工程，按单个项目补助，中央投资从80万到140万元不等，省级财政配套15万元，县级按每个项目总投资额的15%进行配套；乡村沼气服务网点，每个站点中央补助3.5万元，省级补助0.4万元，县级根据地方财力进行适当配套，主要用于购买服务网点设备。农村沼气工程的实施取得了良好的经济、社会、环境效应，既节省了村民的开支，改善了环境，也便利了村民的生活。

第三节　回归自然　回归生态

一、乡村庭院美化——用绿化使乡村美化，以书画让庭院雅致

2012年，浙江省嘉兴市南湖区开始开展创建“优美庭院”助力“美丽乡村”建设活动。乡村“优美庭院”创建活动之初，各创建村挨家挨户发放倡议书，并与每户家庭签订了长效管理责任书，把创建活动落实到户到人，发挥家庭的参与主动性。在市级示范村创建的基础上，南湖区还确定了区级示范村联动创建，并对考核通过的区级示范村给予5万元的奖励，鼓励各行政村加入“优美庭院”创建行列。

经过4年“优美家庭”活动的创建，南湖区大部分村庄环境干净整洁，处处透着绿色，家里物品摆放整齐有序。过去垃圾随手扔，杂物乱堆放的现象已不复存在。房前屋后是农家菜园和果树，干净的马路穿村而过，墙上的

浙江嘉兴市南湖区农村用书法、绘画装饰庭院墙壁

壁画给农家院落增添了一份雅致。曾经是生猪养殖量最大的竹林村，如今空气清新，环境也越来越好了。有生猪养殖面积 2.5 万平方米的赵家兜片区示范点，曾经周围河道又脏又臭，现在村里利用栽种多年的一小片香樟树林开辟了一条生态绿道，沿河而走，绿道口是始建于乾隆年间的平安桥，走进绿道还能看到一座亭子——学稼亭。房屋的外墙画上了水墨画，院子砌上花式院墙，一派江南田园风光。

为助力美丽乡村建设，各地都在开展不同形式的乡村庭院美化活动，引导村民进行自我管理，以打造“洁化、序化、美化、绿化”的庭院。政府和村委进行村庄整体环境规划改善，让村民积极参与到村庄环境的改善维护中，鼓励村民多种树，用绿化使乡村美化；请本土画家画上墙画，让庭院变得雅观，无形中也熏陶了村民。总之，乡村庭院美化活动使得农村地净了，树多了，村美了，心顺了，民乐了。

二、农村生态保护——保护生态，维持生物多样性

勐腊县瑶区乡是云南省西双版纳傣族自治州唯一的瑶族乡，水资源丰富，境内河流密布，属南腊河上游支系，抓好环境保护意义重大而深远。在创建国家级生态乡镇工作中，瑶区乡坚持立足实际，加强组织领导，科学编制环境保护规划。加大环境基础设施建设，使全乡环境质量不断改善，生态文明建设水平有了很大的提高。

（一）通过设立宣传标牌、悬挂横幅、摄制宣传片等多种形式，动员和引导广大群众积极参与全乡创建工作，为创建国家级生态乡镇营造良好的社会舆论氛围。

（二）加大投入，加强基础设施建设。瑶区乡新建的生活污水处理系统可收集乡建成区 85% 的生活污水，并做到集中处理后达标排放；各村生活垃圾都运往垃圾处理场进行集中处理。

（三）制订方案，加大环境综合整治力度。清除农村各类存量暴露垃圾，消除了“脏、乱、差”现象，确保了公路两侧无暴露垃圾，无柴垛，无粪堆，无残墙断壁，河道内无垃圾。

（四）调整产业结构，全力发展生态农业。通过合理引导农民对农作物

西双版纳勐腊县瑶区乡生态环境综合整治后的村庄景象

秸秆的综合利用，尽量减少化肥、农药施用量，努力培育有机、绿色及无公害产品基地。2013 年，该乡累计无公害产品种植（养殖）面积占主要农产品面积的比重为 83%。

（五）维护生态平衡，保护生物多样性。截至 2013 年年底，瑶区乡林地面积达 544185 亩。辖区内有国家级自然保护区 169500 亩，望天树、亚洲象、鼷鹿等特有珍稀动植物在自然保护区内和谐共生。该乡还加强生态公益林管理、退耕还林工程建设，强化林业保护队伍建设，抓好护林防火工作，坚决制止和打击毁林开垦、盗伐林木、乱砍滥伐等破坏森林资源的行为。

目前，瑶区乡的生态示范创建工作已取得明显成效。全乡 4 个村全部被命名为“西双版纳州生态村”。2010 年瑶区乡被命名为“云南省生态乡”，2014 年被命名为“国家级生态乡镇”。该乡还先后获得“无邪乡”“社会主义新农村建设试点乡”等荣誉称号。

西双版纳州通过生态村的建设带动农村生态环境保护对建设生态农村具有很大的借鉴意义。2011 年，国务院明确提出“生态红线”概念及划定任务。此后，中央做出了一系列重要规定，要求在重点生态功能区、生态环境敏感区和脆弱区等区域，划定生态保护红线，实行严格保护。环保部将加快划定生态保护红线，确保各级各类自然保护区纳入红线，提升重要生态功能区、自然保护区、生物多样性保护优先区的生态系统稳定性和生态服务功能，筑牢生态安全屏障。环保部在推动自然保护区内及周边社区的新农村建设、农村环境综合整治等项目上，研究建立自然保护区公共监督员制度，形成“政府负主体责任，部门齐抓共管，社会全面监督”的管理格局，极大地促进了农村生态环境保护工作。

三、最美休闲乡村——看得见山，望得见水，记得住乡愁

2015 年，广东省清远市连山壮族瑶族自治县欧家村入选农业部举办的“2015 年中国最美休闲乡村”推介名单，全国共有 120 个村庄上榜。

欧家村拥有省内最原生态的梯田，它们依山而造，如诗如画。欧家梯田位于被誉为“广东岭南屋脊”的连山最高山峰大雾山脚下，海拔达 1659.3 米。欧家梯田呈“M”字形分布在欧家村周围，梯田绵延近 3 千米，是广东省规模

最大、最原生态的梯田。每年的秋季，那里连片的稻田进入收割期，吸引了众多旅行者和摄影者。人们在此露宿、观景，与农家攀谈交流，忘却了城市生活的压力。连山自古有“九山半水半分田”之称，在山泉的滋润下，梯田变得愈发柔美。农民把一坡坡、一湾湾灌满山泉水的梯田翻犁平整，把田埂上的杂草刨光，糊上新泥，坡坡相连，丘丘相接。梯田在丽日、蓝天、白云的辉映下，如透亮闪光的明镜。在早晚的逆光下，梯田别有一番景象，但见暗处更暗了，光亮处更亮了，形成高反差，梯田线条和色彩分明，俨然一幅天然的工笔画。

站在大山上远望，壮观的欧家梯田就在眼前，那依山而造、如诗如画的梯田，从山脚盘绕到山顶，层层叠叠，高低错落，千亩梯田，十步一景，随着季节的转换呈现出不同的景观。

“最美休闲乡村”评选活动由中国农业部负责主办，2014 年在全国推介了 100 个乡村，2015 年推介了 120 个乡村。通过举办这样的活动，旨在进一步推进生态文明、美丽乡村建设，传承农耕文化，展示民俗文化，保护传统民居，发展休闲农业，带动农民就业增收和城乡一体化的发展，促使地方政府进一步拓展农业功能，完善基础设施，保护生态环境，提升服务质量，为城乡居

广东省清远市连山壮族瑶族自治县欧家村梯田风光

民提供看得见山、望得见水、记得住乡愁的高品质休闲旅游体验。不断完善政策措施，强化公共服务，着力培育一批天蓝、地绿、水净，安居、乐业、增收的最美休闲乡村，为农业强起来、农村美起来、农民富起来，全面建成小康社会做出新的更大的贡献。

四、古村落保护——留住祖先的记忆，守望自己的家园

传统村落传承着中华民族的历史记忆、生产生活智慧、文化艺术结晶和民族地域特色，维系着中华文明的根，寄托着中华各族儿女的乡愁。但是，近一个世纪以来，传统村落遭到破坏的状况日益严峻，加强传统村落的保护迫在眉睫。

北京市门头沟区斋堂镇爨底下村村民相传是在明代由山西洪洞县大槐树下移民而来的，原村址在村西北老坟处，后因山洪暴发，将整个村庄摧毁。只有一对青年男女正好外出了，得以幸免于难。为延续韩族后代，二人以推磨为媒而成婚，并在现址立村。现在族人已发展到 17 辈。爨底下村是京西古道上一座具有百年历史的古老山村，这里有明清建筑风格的山地四合院 76 套，是北方地区保存得最为完整的古民居群。走进爨底下村，仿佛置身于一幅完整的“清代民居图”中，有依山势而建的古朴民居，雕刻精美的石雕、木雕和砖雕，青石、紫石、灰石铺成的街道，延续 500 多年的民风民俗……

随着时间的推移，这里的大部分房屋椽檩老化，门窗变形掉色，不仅影响了古村落的传统风貌，而且存在着极大的安全隐患。为了消除这些隐患，门头沟区区政府拨出专项资金计划对爨底下村 62 个院落和一面护坡墙进行整体修缮。目前，村内的两处古院落正在进行修缮施工，屋顶的瓦片会被一一卸下，编号保存，在对屋顶、屋面、院墙、门窗进行统一修缮加固之后，再将瓦片按照编号重新铺装回屋顶。据施工方介绍，古院落修缮过程中，修补手法会尽量贴近原工艺，做到原式原样，还其历史本来面目，从而保持古民居的历史风貌。修缮保护后的爨底下村成为了北京人到郊区放松的休憩游玩之地，每年游客接待量在 50 万人次以上。

北京作为历史名城，拥有众多的传统古村落。2012 年按照住房和城乡建设部等部门的部署，北京市农委会同相关部门在全市开展了传统村落的普查

北京市门头沟区斋堂镇境内的爨底下村的古民居

工作，16个古村落入选国家古村落重点保护对象，占全国名录的0.6%。近几年，北京市农委会同规划委等多个部门共同推进了传统村落保护发展工作。所有入选中国传统村落的16个村落，按照"一村一档案，一村一规划"的要求，全部建立传统村落档案，并根据每个村不同的历史沿革、建筑风格、文化传承等特点，专门制定了中远期发展规划。

近些年来，随着经济建设的发展，传统村落遭到了越来越严重的破坏。2000年至2010年十年间，中国自然村减少了90万个，政府和社会开始重视古村落的保护。在2014年，为贯彻落实党中央、国务院关于保护和弘扬优秀传统文化的精神，加大传统村落保护力度，住房和城乡建设部、文化部、国家文物局等联合发布《关于切实加强中国传统村落保护的指导意见》，要求遵循科学规划、整体保护、传承发展、注重民生、稳步推进、重在管理的方针，加强传统村落保护和合理利用，改善人居环境的同时实现传统村落的可持续发展。截至 2014 年，中国一共有 2555 个传统村落被列入《中国传统村落名录》，许多具有重要保护价值的村落得以保护和开发利用，发挥了很好的社会效益和经济效益。

五、农业生态保护和修复——为子孙后代留下一片生态农业区域

2005 年，具有 1200 多年历史的浙江省青田县稻鱼共生系统被联合国粮农组织列为中国第一个、世界上第一批全球重要农业文化遗产保护试点。十多年来，在中国科学院有关专家的指导下，当地村民遵循“在发掘中保护，在利用中传承”的原则，充分利用独特的生态与文化资源优势，积极发展多功能农业，探索农业增效、农民增收方式。通过建设鱼苗孵化基地、建立生产合作社等农业经营方式的创新，以及田鱼干加工、休闲农业与乡村旅游业等农业产业链的延长，实现了传统农耕文化保护与经济社会持续发展的统一，不仅使稻田养鱼这一传统生态循环农业模式焕发出新的生机，也为世界农业文化遗产的动态保护做出有益的探索，更是吸引了越来越多的国内外专家学

浙江青田县小舟山乡农民在田间察看田鱼生长情况

者前来学习考察。

青田县对农业生态保护的努力，让在法国打拼30多年的村民金岳品得知后，他放弃国外的生意，回国建立起田鱼苗孵化基地，为青田县每亩“百斤鱼、千斤稻、万元钱”的发展目标的实现做出重要贡献。他因此于2014年被联合国粮农组织评为“亚洲模范农民”。

在有条件的地区，保护和修复传统农业耕作模式，实现可持续发展的生态农业道路，不仅仅在浙江得到有力探索，也逐渐成为越来越多地方的共识，而这离不开政府的鼓励、引导和积极的政策支持。2016年中央一号文件强调，“加强农业生态保护和修复”是加快转变农业发展方式，推动农业可持续发展的必然选择。

村治篇

创新基层民主治理，建设和谐新农村

导 读

改革开放以后，人民公社逐渐解体，如何推进基层治理，实现社会长治久安？这成为中央和地方面临的一个共同问题。制度的设计牵涉多方利益，合理的制度既能调动农民的积极性，也能促进有效的管理，并改善干群关系。

推进基层自治是中央政府进行基层治理的一项重大改革与探索。通过制度设计和立法给予并保障本地农民选举、决策、管理、监督的权利，从而实现人民当家作主的权利，由村民群众依法管理自己的事情，发展农村基层民主。1987 年试行、1998 年正式实施的《村民委员会组织法》，规定村民自治包括四个民主：民主选举、民主决策、民主管理和民主监督。从那时起，农村的民主选举逐渐规范，选举更加透明，候选人提名过程更加民主（如“海选”），候选人之间的竞争也更加激烈。农村民主选举的多年实践，有效推进了乡村治理现代化。

在推进基层自治过程中，农业税和计划生育政策增加了农民的负担和压力，激化了干群矛盾，造成了干群关系紧张，有的地方还引起了严重的社会问题，同时引起了政府和农民对基层治理的反思。随着经济的发展，工业反哺农业，城市支持农村，农业税取消，非农收入渠道增加，农民因经济压力带来的干群关系紧张的现象减少了。然而，乡村治理也面临着新的考验。大量农民外出，农村精英减少，干群关系变得冷淡，农民之间的关系越来越松散，乡村治理出现无序性，公共服务能力一直未能提高，如何提高村民自治的效果也成为亟待解决的问题。

乡村治理现代化是推进国家治理体系和治理能力现代化的重要内容，因此党和政府积极推进乡村民主治理，比如推行村民自治、一事一议、两推一选制度；努力提升乡村治理水平和管理能力，比如村委决策“五步法”，选

《中华人民共和国村民委员会组织法》规定了村民民主自治权利

派村“第一书记”、乡贤参与治理，村民议事会等；完善公共服务和引导村民提升自我管理能力，比如建立农村便民服务站，评选县级文明户、五好文明家庭等。

以上一系列的探索，有的是全国性的，有的是地方性的，尽管见效的程度有不一样的地方，但都是为了寻找一条适合中国国情的道路，既符合社会发展的趋势，也符合当下社会转型的特征。长治久安、社会和谐、人民幸福一直是党和政府发展的目标、不懈探索的动力。政府通过各方面的探索，努力使中国的农村形成善治、和谐的局面。

第一节　村民自治制度创新

一、村民选举——自我管理、自我教育、自我服务

2014年11月26日，是湖北省宜昌市夷陵区第九届村民委员会换届选举日，该区171个村31万多名选民行使了自己的权利，选举出自己信得过的“当家人”。选举日这天，夷陵区鸦鹊岭镇海云村村民一大早来到村委会的广场。通过投票和唱票的方式，村民们选出了新一届的“两委”——村中国共产党支部委员会、村民自治委员会领导班子。

乡村民主选举是中国基层自治制度的一次伟大创新。1980年2月5日的晚上，在广西壮族自治区宜州市屏南区合寨村的一棵有300多年历史的老樟树下亮起了一盏马灯，当时的大队党支部书记蒙宝亮主持了党员干部和村民代表会，酝酿着如何成立由村民自主选举、进行自我管理的新型组织。这棵

村民为选举“当家人”投上神圣的一票

老樟树成为中国村民自治历史进程的见证。

第二天上午，全村 143 户人家的代表欢聚一堂。经过群众投票选举，蒙宝亮当选第一任村委会主任，并通过了村规民约。村民们一个个走上前去，在那份看似普通却异常神圣的公约上签名，并按上手印，揭开了中国农民"直接行使民主权利，依法管理自己的事情，创造自己的幸福生活"的历史序幕。合寨村也由此成为"中国村民自治第一村"。

中国第一个村委会——合寨村村委会

"村规民约就是好，村上无赌又无盗。公共事业有人管，各种纠纷变得少。白天生产搞四化，晚上得睡安然觉。"这首群众编唱的山歌，是合寨村村民对当时开展自治活动的由衷赞美。

作为中国农民创造的一种基层民主自治体制，村民自治制度得到了党中央、国务院、全国人大的高度重视。全国人大法制委员会、民政部等迅即派出工作组进行实地考察，充分肯定了广西农民的伟大创举。1982 年，"村委会"这一组织形式被写进宪法，规定"村民委员会是基层群众自治性组织"。1984 年，全国 82 万多个村委会的成立，终结了"人民公社—生产大队—生产队"的历史，完成了村级组织与管理制度在法律上和实践上的历史性转换。1998 年，全国人大审议通过《中华人民共和国村民委员会组织法》，保障了村民依法实行自治，发展了农村基层民主，促进了农村社会主义物质文明和精神文明建设。从此，村委会选举成为村委班子换届必须经历的一个过程，这充分体现了村民当家做主的权利。村委会选举已经成为我国社会主义民主在农村最广泛的实践形式之一。据民政部统计，截至 2014 年年底，基层群众自治组织共计 68.2 万个，经民主选举产生的村委会成员 230.5 万人。

村民自治就是广大农民群众直接行使民主权利，依法办理自己的事情，创造自己的幸福生活，实行自我管理、自我教育、自我服务的一项基本社会政治制度。村民自治的核心内容是“四个民主”，即民主选举、民主决策、民主管理、民主监督。村委会由直接选举产生，一般有3~7人，主要任务是制定和监督执行村规民约，协助党和政府贯彻落实国家的法律政策，组织村办经济，维护本地治安，发展公共事业，进行人民调解，发展乡村文化事业。经过多年实践，中国基层民主自治的管理方式和组织方式越来越走向成熟，为建设社会主义和谐社会贡献了力量。

二、一事一议制度——村内户外公益事，一事一议大家定

村级公益事业建设“一事一议”政策的实施，是国家财政支农惠农“民办公助”方式的一项重大改革。“一事一议”财政奖补项目必须尊重民意，以村民民主决策、自愿出资投劳为前提，政府给予奖励补助，村民自行组织实施，使政府投入和农民筹资投劳相结合，共同推进村级公益事业建设。

2011年，广西壮族自治区百色市西林县大力采取措施推进“一事一议”项目。首先，去年年底申报“一事一议”项目成功后，积极申请上级项目配套资金164万元，落实本级配套资金71万元。其次，积极宣传，上下联动。2011年3月初，召开全县“一事一议”动员大会后，各乡（镇）领导，各村支书、主任在各村屯积极开展宣传动员工作，广大群众积极响应，4月底各乡（镇）纷纷上报项目。最后，因地制宜，配套实施。在项目实施过程中，按规定农民人均自筹15元，财政补助62元。

2011年5月上旬，西林县的八达、古障、那佐、马蚌、那劳等五个乡（镇）已上报19个项目，项目资金106.8万元，其中群众自筹20.8万元，涉及项目有屯内道路硬化、饮水工程、文体设施等。

百色市西林县的村级“一事一议”制度是全国开展“一事一议”项目的缩影。“一事一议”制度在2000年由安徽省巢湖市创造，后被中央当作典型全国推广。2007年1月16日，国务院正式颁发《村民一事一议筹资筹劳管理办法》。本办法所称“筹资筹劳”，是指为兴办村民直接受益的集体生产生活等公益事业，按照本办法规定经民主程序确定的村民出资出劳的行为。筹资筹劳应遵循村民自愿、直接受益、量力而行、民主决策、合理限额的原则。

村级公益事业“一事一议”财政奖补，既可以是资金奖励，也可以是实

广西百色市西林县的群众积极参加“一事一议”项目的村路修建劳动

物补助。2014 年，中央财政安排奖补资金 228 亿元，各级财政奖补资金超过 500 亿元，有效地改善了农民生产生活条件。2015 年，国家继续提高政府对农民筹资筹劳的奖补力度和中央财政占政府奖补资金的比例，进一步完善“一事一议”财政奖补机制，深入推进村级公益事业建设均衡有序发展。2015 年，中央财政安排用于支持“一事一议”财政奖补资金 224.05 亿元。同时，按照每村 150 万元的标准，下达农村综合改革转移支付资金 13.5 亿元，对纳入中央财政支持范围的 900 个传统村落的保护工作给予支持。

三、两推一选——推荐优秀人才，选出高效村委

2014 年 7 月 13 日上午，安徽省蚌埠市五河县小溪镇小溪村党员活动室内，全村 58 名党员对本届村支部进行了民主选举，投票推选出 6 名支委人选。这是五河县为加大村干部选拔任用制度的改革力度，在全县推行村党支部成员的“两推一选”制度的重要成果。

当月，全县198个村党组织完成了“两推”工作。其中，21个村党组织完成了村党组织换届选举工作，73个村推荐产生了村换届选举委员会，11个村产生了新的村民代表。

什么是“两推一选”呢？“两推”就是指党内推荐支委候选人和党外推荐支委候选人，“一选”就是由党组织内全体有选举权的党员无记名投票选举支委人选。“两推”产生村党组织候选人有两种途径，一种是座谈推荐，一种是投票推荐。

2009年，中组部就已正式发布《关于加强村党支部书记队伍建设的意见》，提出选拔任用村党支部书记由乡镇党委具体负责，按照有关规定和程序进行，坚持民主、公开、竞争、择优的原则，根据不同村情，采取“两推一选”、“公推直选”、面向社会公开选拔、乡镇党委委派等方式产生村党支部书记。其中“两推一选”改进了候选人推荐提名方式，扩大了基层民主，加强和改善

安徽省蚌埠市开展“两推一选”，村民代表现场计票

了村党支部班子建设，取得了较好的效果，充分体现了基层民主自治的意义，利于农村社会的稳定治理。

经过多年的地方广泛实践，目前“两推一选”已是全国各农村党组织实行最广泛的一种换届选举方式。2017 年，习近平总书记在地方调研多次指出：“基层是党的执政之基、力量之源。只有基层党组织坚强有力，党员发挥应有作用，党的根基才能牢固，党才能有战斗力。”“两推一选”的干部选拔机制为选出优秀可靠的基层干部提供了重要的制度保障。

四、村两委决策“五步法”——民主决策，科学管理

截至 2015 年，河南省新密市超化镇党委已在全镇 24 个村推行“五步工作法”，规范基层民主决策制度。

第一步，列清单，在支部提议环节中实行重要决策事项清单制度，根据网格长排查和掌握情况，列出支部提议清单；第二步，征意见，以网格为单位，针对支部提议事项进行征求意见，保证决策事项科学性；第三步，报备案，即实行村级决策事务镇报备制度，将村级重大决策事项，如制定村规民约、土地发包、集体财产处置等，需上报镇党委审查、把关、备案，由镇党委进行可行性审查并跟踪落实；第四步，邀旁听，在联户代表会审议和党员大会决议环节中，网格长和涉及讨论事项的相关下沉人员要旁听会议；第五步，再回访，实行“特派监督员”制度，村级民主决策后，网格长和“两代表一委员”对实施情况进行回访，保证“四议两公开一监督”决策事项公开透明。

通过“五步工作法”，超化镇 24 个村今年民主决策事项达 120 余次，不仅解决了社区建设、公路建设、低保户申报等工作性问题，还解决了一些群众矛盾等疑难杂症。

每当村内遇到大事需要决策，该村都会通过举行一场“五步法”民主决策会，邀请全体村民代表、党员、村监会成员和在家村民参加，来决定小到厕所拆迁、绿化亮化，大到办公楼的修建、农房改造等决策。这种方式在村里已经实行了好多年，而且其中的操作方式变得越来越成熟，效果也越来越明显。

“村两委决策五步法”对村庄的重大决策起到极大作用，充分发挥了村

新密市超化镇村民代表在“五步法”民主决策中进行表决

民参与的积极性。2005年天台县在浙江省，乃至全国，率先尝试探索实施“决策五步法”，得到群众的热烈反应。如今，已经在全国开始推广村级民主决策“五步法”：民主提案→民主议案→民主表决→创业承诺→监督实施。

五、村民议事会——讲民主，办实事

2014年下半年，安徽省来安县开始开展农村土地承包经营权确权登记颁证。土地确权最难做的工作是核准土地面积与农户土地分布。但很多时候，当村社干部拿着尺子去丈量村民房屋和田地时，却遇到了村民的阻挠。村民们以为要将他们的房屋拆了，说什么也不让丈量。听说还要将自家的承包田让出一部分来，村民们更是不愿意了。

为了更好地推动农村土地制度改革试点工作，让老百姓明白土地确权颁证的好处以及如何开展工作，村委会请出村民议事会。该村的村民议事会是村民在各自所在的村民小组推举代表，然后组成村民议事会，村里大事都会征询村民议事会的意见，甚至请村民议事会协助村委会执行。村民议事会在争取村民意见的基础上商议土地确权颁证工作的开展方案，初步方案公布后，继续征询村民意见，进行修改。形成最终方案后，由村委带头执行。经过村民议事会的参与，土地确权工作的阻碍大大减少了，也赢得了农民的支持。不到一周时间，该村就高标准完成了土地确权的工作。

村民议事会是农村基层治理的重大制度创新，很好地促进了农民自己管理好自己的事情。村民议事会是指在农村通过党员和村民代表推选出的5~9人的农村事务会商议论小组。它是按照村民人数多少产生出的群众性非正式组织，其成员多是德高望重的老村干部或有智谋、善监督的本村村民。其主要任务是在村党支部和村委会的领导下，对现任村干部决策村内大事之前进行调研论证、在决策之中进行献计献策、在决策之后进行监督。如农村在进行农田水利建设、道路维修、植树造林等重大事项和村财务管理制度、村规民约的制定修改完善之前，一般都要经过村民议事会先行议事，广泛征求各

安徽来安县张山乡桃花村议事会成员讨论如何开展贫困户帮扶、如何解决土地纠纷等

方面意见后，再行展开。

正规的村民议事会制度一般包含以下内容：（一）村民议事会是由本村村民代表参加的参谋议事、民主监督村务的基层群众性组织；（二）村民议事会成员任期与村民委员会相同，每届三年，可以连选连任；（三）村民议事会一般享有重大事务的参谋权，村委报告的审议权，对村干部的执行政策情况的监督权，对群众意见与建议的收集、反应权，对村务的民主管理权等；（四)村民议事会的主要活动内容是讨论村委中长期规划和本年度工作计划、财务收支预决算、集体土地的征用等村中重大事务；（五）村民委员会接受村民议事会的检查、监督；（六）村民委员会成员每年年终向村民议事会进行述职报告，村民议事会对每个成员的工作要进行认真的评议，评议结果将记入档案，作为考核村委干部的主要依据，为村委换届调整干部提供依据；（七）村民议事会每季至少召开一次会议，由村民委员会召集、主持，如有特殊情况，经本村 2/3 的村民代表联名提出，即可召开专题会议；（八）村民议事会要建立健全各种资料表册，做到各种活动有记录，各项决策有记录，好人好事有记录，意见建议有记录，决策的执行情况有反映，并要将有关资料整理入档。

第二节　全心全意服务村民

一、选派村“第一书记”——深入农村基层，造福一方百姓

出生于湖南永州一个秀美山村的唐继发，先后获得清华大学土木工程专业学士学位、北京大学光华管理学院企业管理专业硕士学位。2008 年，他进入国家发改委经贸司工作。2015 年 11 月，国家发改委委派他到河北省灵寿县南寨乡马家庄村任“第一书记”，使他有机会一展儿时“造福父老乡亲、耕耘希望田野”的抱负。

刚来马家庄村时，有村民疑惑唐继发这个中央部门来的书生能不能干好基层工作。十多天后，他就已经进入角色，很快适应了村里的工作节奏和状态。

为了了解村民、贴近村民，唐继发就住在葡萄地里的一间临时房里。那个地方四周都是田地，没有厕所，更没有自来水。入住时还是冬天，也没有暖气，乡政府给他安排了宿舍，距离也不远，就是几分钟车程，但他坚持要住在村子里。也正因为这样，他很快了解了村里和村民的状况。马家庄村全村 358 户 1289 人，村“两委”干部 4 人，年龄都在 50 岁以上，总耕地面积 1640 亩，人均年收入只有 2700 多元。全村建档立卡贫困户 162 户，贫困人口 539 人，属于河北省扶贫工作重点村。

给钱给物不如建个好支部。上任伊始，唐继发立即着手将涣散的、矛盾重重的党支部重新团结起来。他认为农村党支部是服务村民、连接党群的纽带，农村党员干部的作风代表着党的形象，关系着村民人心向背。只有抓好以村党组织为核心的村级组织建设，才能真正凝聚民心，发挥民智，动员民力，带领群众脱贫致富。

经过了解，全村共有 20 多户人家种植了 500 多亩葡萄。为了提高葡萄产业附加值，唐继发就着手研究筹建酒庄，并采取“龙头企业 + 合作社 + 农户”的模式，带动马家庄村乃至全县葡萄产业的发展，增加农民收入。

他还利用从省里争取的乡村旅游富民工程项目资金，发展马家庄村生态农业观光旅游，发展以采摘为主的观光农业，可将葡萄卖到 20 元 / 千克，而以前只是 6 元 / 千克的收购价。加上旅游带动的住宿、消费等相关服务业，农民的收入就更多了。年龄大的老人不需要出去打工，在家门口摆个摊就能赚钱。

接着，他推动阳光村务，提高村民对村干部的信任度。从走访村民的第一天起，就有村民反映村干部存在贪腐行为，诸如侵吞国家扶贫资金、骗取国家农业补贴等。公布村里的收支和资金去向，有利于增进百姓对村里事务的了解和监督。

第一书记唐继发总有一天要离开这个村庄，重要的是村干部受到他带来的一套科学、规范、高效的工作方法潜移默化的影响，照此走下去，定会给村里带来长治久安的局面。

选派村第一书记多年前已在一些地方试点，它是国家帮助农村发展的一个重大制度创新，这些村第一书记都是国家机关工作人员，见过世面，有思想，有资源，给农村的发展带来新的改变，特别是对党组织软弱涣散的村有极大的帮助。在国家实行精准扶贫大战略下，2015年4月，中央组织部、中央农村工作领导小组办公室、国务院扶贫开发领导小组办公室联合发布《关于做好选派机关优秀干部到村任第一书记工作的通知》，提出关于大抓基层、推动基层建设全面进步、全面过硬和精准扶贫、精准脱贫等重要指示精神，对选派机关优秀干部到村任第一书记工作作出安排。选派第一书记的重点范围是党组织软弱涣散村和建档立卡贫困村，第一书记的主要职责任务是建强基层组织、推动精准扶贫、为民办事服务、提升治理水平。

按2010年确定的年人均收入2300元的农村扶贫标准，2014年全国认定的贫困村共有12.8万个。按照此次中央选派第一书记“全覆盖”的要求，这12.8万个贫困村将有“第一书记”。上至中央，下到地方，都在选派村第一书记到基层任职，帮助当地发展。在2017年“两会”期间，国务院扶贫办主任刘永富就“脱贫攻坚工作”问题介绍说，2012年至2016年间，中国每年农村脱贫人口分别为1650万、1232万、1442万、1240万。2017年将再实现1000万人脱贫的目标。值得关注的是，2016年全国已选派18.8万名优秀干部到贫困村和基层党组织薄弱村担任第一书记，提升带动群众脱贫能力，扶贫精准度进一步提高。

习近平总书记在《中共中央关于制定国民经济和社会发展第十三个五年规划的建议》中明确指出，到2020年，通过产业扶持，可以解决3000万人脱贫；通过转移就业，可以解决1000万人脱贫；通过易地搬迁，可以解决1000万人脱贫，总计5000万人左右。还有2000多万完全或部分丧失劳动能力的贫困人口，可以通过全部纳入低保覆盖范围，实现社保政策兜底脱贫。

二、农村便民服务站——便民、利民、惠民

在河北省邢台市的乡镇和农村，出现了一个个便民服务中心和服务站。这些便民服务站被认为是政务网络中的“细胞”，它们担负着承接审批服务职能下放乡镇的重要责任，现在它们大多依靠村干部和政府官员为农民代办各种事。2015年3月5日，国务院机构改革有序实施，计划分批取消和下放了416项行政审批等事项。越来越多的审批服务职能正在逐渐下放到乡镇和农村。2013年11月初，邢台市开展打造县、乡、村三级政务网络的行动，在

乡镇设立便民服务中心，辐射周边村庄的服务，在偏远村庄或者人口聚居的村庄设立便民服务站。

2015年，邢台市21个县（市、区）全都建立了综合服务中心，166个乡镇（街道办事处）建立了便民服务中心，2184个村（社区）建立了便民服务站，加强了县政务服务中心、乡镇便民服务中心、村便民服务站三级网络上下贯通、综合配套的服务平台建设。通过人性化、智能化、便捷化的服务平台，为广大群众提供越来越多更加周到、更加便捷的服务。

便民服务中心和服务站，是近年来全国农村新兴的一种服务农民、服务农业、服务农村的地方组织机构，服务项目有家电下乡补贴、支农惠农资金补贴、残疾证申领、社会救助、技能培训、独生子女证办理、计划生育服务、流动人口婚育等证明、就业援助、求职介绍、招聘推荐、失业保险金申领、小额贷款担保、创业培训、党员服务、农业科技推广、定期抚恤金申请、定期补助金发放、老人优待证办理、退休老人社会化管理等。

其服务方式是一个中心对外、一个窗口受理、一条龙服务、一站式办结。

邢台市隆尧县村级便民服务站，一位村民在委托代办员办理养老保险证件补办事务

通常服务站实行一周五天工作制，星期六、星期日全天实行值班制。对群众申请办理的各项事务，实行“一个窗口管理，内部运作，上下联动，全程服务”，变群众跑为干部跑，变多次办为一次办。

这种创新服务方式受到广大群众的热烈欢迎，赢得了老百姓对当地干部极大的赞誉。对此，2015年中央一号文件以农村基层服务型党组织建设为抓手，强化县、乡、村三级便民服务网络建设，多为群众办实事、办好事，通过服务贴近群众、团结群众、引导群众、赢得群众。

三、村庄打更队——打更巡逻，保一方平安

“各家各户，注意了啊，防火防盗，注意安全。各家各户，注意了啊，注意安全，防火防盗。”

每当天色黑下来的时候，安徽省凤阳县武店镇武店村的打更队就开始工作了。他们手持电筒，臂戴红袖章，轮流值班，义务进行防火巡查。

打更，本是我国古代传统的报时方式。现在的年轻人知道“打更”一词多是通过电视剧，打更人经常说的一句话是“天干物燥，小心火烛”。现今，

凤阳县武店镇武店村村民义务组成打更队，夜晚在村庄巡逻

为有效控制和减少治安案件的发生，2015年以来，凤阳县武店镇武店村“两委”在村里召集男性志愿者，效仿古人组织打更队，轮流值日，每晚对村庄进行巡逻，提醒居民们注意夜里防火防盗，确保一方平安。

村“两委”坚持做到“四个坚持”：坚持每晚由一名村干部带队巡逻，不定时对所有街道、村庄开展防控巡逻；每晚重点巡逻一条街道或一个村庄，巡逻范围覆盖所辖村级主干道及村民居住处，特别是对治安乱的村庄进行密集式巡逻；每晚重点巡逻一条主干道，尤其是对重要地段采取卡扣式蹲点巡逻；坚持每周开展一次集中打更巡逻行动，集中时间，集中地点，采取车巡和步巡统一的方式巡逻。武店村坚持“四个坚持”的方式巡逻以来，在辖区内有效地减少和杜绝了可防性事故的发生，确保了社会和谐稳定、群众安居乐业。

打更队的努力与坚持赢得了村民的称赞，村民常说：“有了这个队好得多，小偷也不来了，消防方面，有小孩玩火，也知道咋处理了，用水淹啊，用土埋。”

近年来，中国农村许多地方和凤阳县武店镇武店村一样成立了打更巡逻队，在维护农村治安稳定、保护人民财产安全方面发挥了重要作用。打更巡逻队，不仅给村民们普及了防火防盗、火灾救援的知识，还降低了村里火灾和盗窃事件的发案率，切实保障了村民的人身和财产安全，让村民们心里踏实多了，同时改善了干群关系，融洽了村民之间的关系。

第三节　村民中的榜样

一、乡贤参与治理——教化乡民，以德服人

河北内丘县大辛庄村的郝宝德自幼家贫，后来独自外出打工，最终成为企业家。成功之后，他不忘乡里，每次回家，凡是乡亲有需要帮助的，他定会尽力帮忙。后来村里人主动邀请他回村竞选村支书，以便更好地回报村里人。自此，他从一个纯粹的乡贤变为村干部兼乡贤身份的人。2015年5月，在他的号召下，村里组织了一批在当地有威望且热心公益的人，成立了“内

丘好大哥”爱心组织，主要调解邻里纠纷，化解矛盾，并配备专车和专用电话，只要是村民们需要，这个组织都会尽力帮助，不收一分钱。

村民听说此事后议论纷纷：“有些事儿他们管得了吗？”抱着试试看的态度，村民李某的爱人找到“内丘好大哥”爱心组织负责人郝宝德。原来，大年三十李某卧病在床，两个儿子互相推诿，都不愿负担。郝宝德知道后，带着爱心组织的成员找到李某的两个儿子进行劝说和教育，但他们依然我行我素。郝宝德当即自己拿钱先为老人看病和置办年货。此后半个月，他频繁往来于老人和他的两个儿子之间，还临时学来“古代孝道故事”，举例子，道人情。在他的努力下，老人的两个儿子不仅认识到了错误，还成了村里有名的孝子。这件事后，“内丘好大哥”爱心组织一下子有了知名度，郝宝德也成了“内丘好大哥”爱心组织的代言人。谁家有什么事，都爱来找“内丘好大哥”。随着时间的推移，“内丘好大哥”化解的矛盾越来越多，村民们对这个组织也越来越信服。目前，“内丘好大哥”爱心组织已在全县范围内开展过多次扶贫济困、助学帮扶等慈善活动，调处矛盾纠纷121起，帮扶困难群众62户，帮扶资金5.57万元。

内丘县金店镇是古二十四孝故事之一《郭巨埋儿得黄金》的发源地。自2009年以来，每年的农历九月初九，都成了村里的“孝老敬老日”。每到这一天，“内丘好大哥”爱心组织会把村里160多名60周岁以上的老人请为座上宾，举办“百叟宴”，还邀请“梨园春”擂主现场献艺助兴。尽管每次都要郝宝德自掏腰包，但看到乡亲们的笑脸，他感觉比啥都快乐。

每次说起建敬老院的初衷，郝宝德讲到动情处，眼圈就有点红。2009年，他回到家乡，看到村里的几位孤寡老人日子过得艰难，留守的老人们无人照顾，他心里很不是滋味。为了让孤寡老人有个“家”，他又和村里的能人商量筹建起互助院。他自己带头捐资和垫资，最后他们共筹集了300多万资金，在村里建起了拥有几栋二层小楼的养老院，卫生间、康复室一应俱全，墙壁上以“孝”文化为主题的宣传画栩栩如生。

养老院受到当地孤寡老人的真心欢迎。“在这住着踏实、放心，我想在这里一直住下去。”大辛庄养老院里65岁的孤寡老人郝秋路说出了肺腑之言。50岁的单身老汉刘建房也说：“患病多年，生活困难，房子跑风漏雨，没法住。

现在住进了养老院，条件好了，冬天有暖气，夏天有电扇，还靠着村卫生室，太方便了。”

眼下的大辛庄村，已不再是人心涣散，村庄内部矛盾重重，而是孝老敬亲蔚然成风，好人好事层出不穷，村民们团结、友爱、互助，村风淳朴祥和，村庄平安和谐。

幸福养老院的“内丘好大哥”爱心组织服务车

“丹心一片为乡亲，千辛万苦促和谐”是所有地方乡贤的精神写照。传统中国的广大乡村，主要靠自治，而自治的重要力量就是乡贤。“士大夫居乡者为绅”，具有功名身份、学品、学衔和官职而退居乡里者，是乡贤阶层的基本构成。当前，乡贤的内涵发生了变化。一般情况下，人们将有德行、有才华，为故乡、为社会做出贡献的人称为“新乡贤”。农村优秀基层干部、乡村教师、道德模范、身边好人等先进典型，成长于乡间、奉献于乡里的人，在乡民邻里间威望高、口碑好的人，正日益成为新乡贤的主体。

乡贤参与乡村治理，发挥着教化乡民、反哺桑梓、泽被乡里、温暖故土的重要作用，有利于凝聚人心，促进和谐，重构乡村优秀传统文化，是村民自治的有效方式，是探索创新乡村治理模式，推进乡村治理现代化的有效载体。2015 年，中央一号文件提出创新乡贤文化，弘扬善行义举，以乡情乡愁为纽带吸引和凝聚各方人士支持家乡建设，传承乡村文明。这极大地鼓励了地方政府努力探索推动乡贤及其组织在乡村治理中发挥更大的作用。

二、十星级文明户——讲文明，树新风

“今年，我评星时少了卫生星，主要是今年在环境整治中，我没有及时

清理门前河道。今年我一定改进，来年请大家把我的卫生星给评上。”蒿坝村村民杨家熊在村干部给他家安上“九星级文明户”奖牌时说道。

2014 年，当地乡镇府通过开展“十星级文明户”评选活动，引导群众自我管理、自我约束、自我改进，使乡村文明呈现出新面貌。该评选活动严格按照“自报公议、民主评定、公开公正”的原则分步进行，坚持在标准上“求高不求低”，程序上“求严不求松”，数量上“求精不求滥”。实行每户一卡，建立档案，记载各户平时的表现和群众的反映，每年根据实际表现和考核结果增星或减星。

“十星级文明户”评选活动是指根据确定的十颗星的内容，让本地村民给每家每户打分，评选出不同星级的文明户，如果十项要求都满足，则会获得十颗星的最高荣誉。十颗星的具体内容及评定标准如下：一是五爱星，爱党、爱祖国、爱社会主义、爱集体、爱人民；二是法纪星，家庭成员学法、懂法、守法，能用法律武器维护自身的合法权益，遵守乡规民约，无违法犯罪行为；三是致富星，粮食增产，经济增收，年人均收入超过当地平均水平，居室宽敞，衣食充足，生活质量高；四是计生星，自觉遵守婚姻法和计划生育法，做到计划生育，优生优育；五是文教星，家庭成员努力提高文化水平，家中无文盲，适龄儿童按时接受九年义务教育，尊师重教；六是科技星，认真学习科技知识，科学种植和管理，有一人以上的“科技明白人”；七是新风星，起房盖屋、

竹山县十星级文明户奖牌

婚丧嫁娶不大操大办，做到喜事新办、丧事简办、尊老爱幼、男女平等，不参与黄赌毒、封建迷信和邪教活动；八是义务星，积极完成村组“一事一议”投工投劳等公益事业任务；九是团结星，家庭和睦、邻里团结，无打架斗殴现象，家庭成员处事通情达理，不拉帮结伙，搞封建宗族势力；十是卫生星，家庭及周围环境卫生整洁，家庭成员讲究卫生，健康状况良好，自觉维护公共环境卫生。

“十星级文明户”评选活动最早是湖北省竹山县在1993年开始探索的，已积累了20多年的经验，极大地改善了当地人的精神风貌。2013年中宣部、中央文明办在湖北省十堰市召开全国创建星级文明户工作座谈会，深入贯彻党的十八大精神，总结并推广湖北省竹山县“十星级文明户”创建经验，部署农村精神文明建设工作。之后，在全国掀起了创建“十星级文明户”评比活动的浪潮，地方政府积极发挥村党支部的领导动员能力，引导农民参与到活动评比中去，让他们在参与中获得对“十星”内容的认识，取得了很大效果。

三、最美家庭——家庭的典范，社会的榜样

2016年5月15日，全国“五好家庭”评选揭晓，云南省共有25户家庭荣获此项荣誉，师宗县竹基镇竹基村的“小脚老中医”季秀珍家庭入选。

季秀珍拥有一个四世同堂的大家庭，老伴于2010年去世，他们共有7个子女，全家共有41人。可谁能想到，就是这位普通的农村妇女，在她精心教育、耐心培养下，子孙共有18人参加工作，他们分别供职于政府、教育、商业等不同岗位上。

作为民间中医，她从医70余年，凭祖辈传授和自己刻苦钻研，掌握了精湛的医术，许多人慕名前来找她寻医问药。虽然她现在已87岁，但找她看病的患者每天仍络绎不绝，屋子里挂了50多面锦旗。她常常对孩子们说：“做一个关心他人、尊重他人、服务他人的人，自己才能得到他人的关心、尊重和服务。”

平日里，邻里村里有什么需要帮忙的事情，她都会积极主动地伸出热情之手，真诚地帮助邻居排忧解难。近几年，村子里修公路、修寺庙，她共捐款1500余元。她还经常把钱、衣物送给生活困难的村民，帮助他们解决生活

困难。其中一贫困户名叫赵老五，是她经常帮助的对象，一共向其赠衣物、钱粮约5000元。她乐于助人的高尚品格深受群众的赞誉，子女也深受影响，在单位、在村里，只要有人需要帮助，他们都会伸出援助之手。

“小脚老中医”全家福

竹基老年协会有一支高龄老年队，经常上台表演，而排练场地就是季秀珍老人家的院子，每天晚上天刚黑，季秀珍老人院子里的电灯就亮起来，音响打开，瓜子摆上，村里70多岁的老人陆续来了，开始一天的排练。她常常对大家说，能够为村委会奉献自己的一份力量，通过自己的努力给大家带来欢乐，自己心里总是美滋滋的，感到越活越年轻。

云南省师宗县竹基镇竹基村的“小脚老中医”季秀珍

“最美家庭”是由全国妇联发动群众自荐互荐、网上评议、层层推选的，自2014年开展以来，“最美家庭”评选活动已经在群众生活中产生广泛影响。2016年5月15日，全国妇联在京召开2016全国“最美家庭”揭晓暨第十届全国五好文明家庭表彰大会。大会揭晓了961户全国“最美家庭”，表彰了979户第十届全国五好文明家庭和98户全国五好文明家庭标兵。据悉，长期以来，全国妇联联合多个部门广泛开展全国五好文明家庭创建活动，创建活动已评选出全国五好文明家庭标兵户 638 户、全国五好文明家庭 7275 户。近年来，全国妇联采取群众自荐互荐、网上评议等方式开展了寻找“最美家庭”活动，涌现出各级“最美家庭”300 多万户，为在全社会传播正能量，激发正能量做出了积极贡献。